AF366790

UPTOWN BAND

20 anos de Blues

ARNAUD MATTOSO

UPTOWN BAND

20 anos de Blues

Copyright @ by Arnaud Mattoso

Este livro segue a grafia atualizada segundo Acordo Ortográfico da Língua Portuguesa de 1990, que entrou em vigor no Brasil em 2009.

Editor
Arnaud Mattoso

Foto Capa
Breno Laprovítera

Fotos
Arquivo pessoal Giovanni Papaléo / Uptown band

M444u   Mattoso, Arnaud, 1964-
        Upotwn band : 20 anos de blues / Arnaud Mattoso ; Recife : Vedas Edições, 2017.
        80 p. : il.
        ISBN 978-85-67862-05-7
        1. UPTOWN BLUES BAND – PERNAMBUCO – HISTÓRIA. 2. BLUES, MÚSICA DE – PERNAMBUCO – HISTÓRIA. 3. BLUES, MÚSICA DE – HISTÓRIA. 4. JAZZ, MÚSICA DE – PERNAMBUCO.
        5. MÚSICOS DE BLUES – PERNAMBUCO. 6. MÚSICOS – PERNAM-
        BUCO – Título.
                                    CDU 785.16
                                    CDD 781.643
    PeR – BPE   17-556

Todos os direitos reservados ao autor e à editora Vedas edições
Rua Alcides Carneiro Leal, Número 71/ Sl. 603-A
Pina – Recife/PE 51.011-200
55 81 99754.5658
CNPJ 17.028.206/0001-22
https://vedasedicoes.com.br/
contato@vedasedicoes.com.br

Emerson (baixo), Adriana (voz), Giovanni (bateria), Ed (teclado), Thomaz (guitarra)

When the train rolled up to the station
I looked her in the eye
When the train rolled up to the station
and I looked her in the eye
Well, I was lonesome, I felt so lonesome
and I could not help but cry
All my love's in vain

Robert Johnson
Love in van

APRESENTAÇÃO Giovanni e Uptown são garantias de boa música e felicidade Há duas coincidências interessantes entre a minha profissão de Engenheiro Civil aposentado e a do Engenheiro Mecânico, na ativa, Giovanni Papaléo: atuamos na mesma empresa estatal. A segunda coincidência é que compartilhamos a atividade de produtor cultural em paralelo à atividade formal estudada em faculdades de ensino superior. A convergência desses elementos para que nos tornássemos amigos e parceiro comercial na produção de eventos foi inevitável. Assim aconteceu no primeiro Jazz Porto Festival, em 2007, na praia de Porto de Galinhas, no litoral sul de Pernambuco, estado nordestino ao qual me radiquei como nativo, após casar com Maria das Graças Carneiro Pessoa, que todos conhecem por Tuca. Naquele ano, Giovanni vinha de uma temporada de shows com a Uptown Blues Band e completava dez anos de estrada tocando com músicos convidados em bares, casas noturnas e teatro.

Eu havia criado o festival literário Fliporto, que se tornaria a marca mais importante para encontros de escritores em Pernambuco. Juntar música, literatura e gastronomia na praia mais famosa do Nordeste e onde há público constante e cenário privilegiado foi o efeito natural de dois asteroides inquietos que se deslocam no mesmo sentido. A luz brilha onde o trabalho existe. Os resultados surgem quando as ideias convergem e se mantém o foco naquilo em que se acredita. Como diz Papaléo neste livro: "Produzo o que gosto e acredito". Ele ama o Blues e o Jazz. Eu também e estou sempre nos shows da Uptown. Ambos somos apreciadores de vinhos, eu bem mais do que ele, e leitores vorazes. A junção da expertise como produtores foi inevitável. Na sequência dos acontecimentos veio o Gravatá Jazz Festival, em 2016, com o jogo sendo jogado aos quarenta e cinco minutos do segundo tempo. Nem precisamos dizer que foi o desafio da superação como produtores. Na leitura deste livro, o leitor vai entender melhor esta história. Em 2017 repetimos o exitoso projeto de levar

Jazz e Blues para o Carnaval no Agreste de Pernambuco. Impensável, mas realizável. Houve outras produções em conjunto e estamos sempre em busca de novos desafios. O ímpeto de realizar não se exaure, pelo contrário, motiva-nos. Quanto ao baterista Giovanni, quem o vê por detrás das baquetas, concentrado no andamento dos compassos, no ritmo do som e na marcação do tempo entende logo o seu fascínio pela música. Fora do palco, é um homem comum dedicado à família, casado com Adriana Papaléo, the authentic voice of Uptown, e morando na aprazível residência no bairro do Torreão, onde se criou e aprendeu a tocar bateria, sem ambiente acústico para desespero da vizinhança. O casal se entende no palco e fora dele. As batalhas diárias da vida são enfrentadas em harmonia como os solos e acordes dissonantes em Mi Bemol dos doze compassos do Blues. Juntos pegam a estrada para levar a música da Uptown onde o povo está. Se assim foi, assim será. Eles amam os animais, em especial os cães. Atualmente criam quatro cães da raça Dachshund: Balu, Barbie, Preta e a mãezona Baqueta. O pai Ximbal viajou para o reino dos bichinhos felizes, partindo o coração do meu amigo. Da dor se fez a música em homenagem póstuma que ocupa a faixa oito do primeiro disco da Uptown. O amor pelos animais é um sinal positivo no ser humano. Giovanni Papaléo tem esse sinal visível no brilho dos olhos, em seu sorriso e na sua fala. Quem o conhece sabe de sua capacidade de fazer amigos, de agregar pessoas e se apegar a elas. Por isso o tanto de músicos-amigos ou amigos-músicos do Brasil e do exterior. Enfim, estes são apenas alguns detalhes deste personagem que o leitor terá o prazer de conhecer na leitura desta obra que tivemos a felicidade de conceber. Aproveite a leitura, ouça os discos da Uptown e, melhor ainda, assista aos shows da banda de Giovanni e vá aos eventos produzidos pelo mestre do Blues em Pernambuco. Garantimos felicidade geral e irrestrita.

Eduardo Côrtes – Produtor Cultural

Em Porto de Galinhas, Eduardo Cortes, cercado pela Uptown band

PREFÁCIO

A contribuição da Uptown band
na diversidade da música pernambucana

Por ser jornalista na área de cultura e por atuar próximo à música tive a oportunidade de conhecer a Uptown band desde que surgiu na cena musical do Recife, vinte anos atrás, com a proposta de trazer a música autêntica dos Estados Unidos que é o Blues. Eu sempre achei que este estilo musical tem ligações com a capital pernambucana, porque ambas têm temperatura alta, Carnaval e os emblemáticos rios Mississipi e Capibaribe cortando as cidades. Em 1997, Recife passava pelo momento de transformação musical com o Manguebeat em busca de novas sonoridades. Dentro deste contexto, a criação da Uptown de Giovanni Papaléo era boa e trazia a proposta de abrir espaço para músicos de fora e intercâmbios que enriqueceram a cena local.

Essa contribuição aumenta a qualidade da música pernambucana e a leva além das próprias raízes e de suas matrizes, contaminando e renovando a cultura que pode e deve, sim, ser contaminada. Se alguém é músico de tradição, de raiz e quer manter intacta a sua tradição, que se mantenha. É um entendimento pessoal, mas os ritmos pernambucanos se permitem à mescla com outros ritmos como o Blues. Deste cruzamento surgem sonoridades interessantes. Com o tempo, a Uptown band se transformou numa escola musical pelo fato de Giovanni atuar como produtor e trazer músicos tarimbados dos EUA e de outros países. Em alguns casos músicos emergentes e de todas as vertentes do Blues de Chicago, Texas, Mississipi, New Orleans.

Papaléo formou vários músicos locais pela Uptown. Músicos que passaram pela formação da banda e que depois seguiram em carreira solo ou formaram novos grupos. Essa é uma das maiores contribuições que a Uptown band trouxe para Recife, por se tornar arena aberta à experimentação e à formação de novos talentos.

Alguns continuam a tocar na banda em participações especiais. Esses músicos tiveram oportunidade de realmente de ir à fonte do Blues, de conhecer pessoas e tocar com a raiz da música americana que vivenciam e vivem deste estilo musical. Este livro faz referências a todos esses fatos e os ratifico por experiência e vivência pessoal como jornalista de cultura, amigo de Giovanni e admirador da banda.

A Uptown fez um disco autoral interessante e elogiado que é "Do Mississipi ao Capibaribe", mas devido às questões de mercado no Brasil, principalmente nas rádios, não teve a difusão merecida. Não tocou como deveria tocar. A banda merece circular mais pelo sudeste, em especial Rio de Janeiro e São Paulo. Giovanni fez isso em alguns momentos com o projeto Oi Blues By Night. Levou a Uptown para as capitais do Nordeste. Expandiu as fronteiras do Blues em Pernambuco e ganhou projeção nacional e internacional. São contribuições importantes da Uptown para o cenário nacional, além de interiorizar o Blues em festivais na praia de Porto de Galinhas e nas cidades agrestinas de Garanhuns e Gravatá, com ótima recepção do público em ambas.

Sou frequentador dos shows e não só em bares, mas em outros locais onde Giovanni produz encontros marcantes de músicos como no Teatro da UFPE e outros locais. Sempre me divirto, porque o Blues mexe com a alma, a sensibilidade e até mesmo com o seu modo de viver e de estar naquele momento. O Blues contagia o corpo e a mente. Ninguém vê um show de Blues em estado catatônico, a não ser que o músico seja extraordinário e você se impressione com a técnica. Mas até neste grande momento você quer dançar, participar e vibrar, principalmente quando o show é da qualidade como são os que a Uptown realiza.

Desejo que a Uptown Band siga a sua bela história por muitos e muitos anos; que traga novos artistas e voltem os que já vieram para oferecer ao público pernambucano a maravilha que é a diversidade do Blues junto com a diversidade da música pernambucana. Meus parabéns, saúde e felicidade para todos. Estaremos juntos sempre.

Marcelo Pereira - Jornalista

Blues, o início de tudo

O Blues é um estilo musical único composto de doze compassos dentro de uma divisão da música em intervalos de tempo iguais. Para entender o Blues é preciso entender o Shuffle, a levada rítmica onde em cada unidade de tempo a base é quebrada em três partes. Esta subdivisão é denominada tercina: a primeira e a terceira partes se repetem constantemente e a segunda parte é uma pausa. Para quem é músico executar o Blues Shuffle é simples, mas não é fácil. Para o leigo em música, ouvi-la é suficiente. Entender os detalhes é para especialistas. Ficamos então combinados que as melodias do Blues são lindas e marcantes em sua singularidade, mas não é um estilo musical massificado como a maioria das canções que tocam nas rádios. "O Shuffle é uma lost art. Os grandes bateristas de Jazz dizem que para entender o groove (padrão rítmico de bateria e baixo para "deixar a música soar bem") do Blues é preciso entender o Shuffle", explica Giovanni Papaléo, baterista e band leader da Uptown

Blues Band. Uma das traduções do Shuffle é "andar mancando". Em inglês, usa-se o termo behind the beat que seria um feeling usado no Blues em que o baterista toca como se atrasasse o tempo da música. Papaléo conta que a primeira vez que viu alguém tocar Shuffle foi o baterista Pedro Strasser, da Blues Etílicos (**bluesetilicos.com.br**). "Na hora achei simples, mas tem muito detalhes. Tem que manter uma golden thread (linha dourada, no sentido de perfeição) na bateria com a condução do prato junto com a caixa e o chimbau e com o bumbo no auxílio". Assim como o Frevo e as suas divisões desafiadores em uma unidade de tempo (estudos apontam que o Frevo teve influência do Jazz), o Blues têm características próprias devido à origem nos estados ao sul dos Estados Unidos como Mississipi, Texas e Nova Orleans, no século dezenove. Os escravos negros africanos desta região eram proibidos de usar instrumentos de percussão, porque os escravocratas receavam amotinação e comunicação entre os grupos espalhados pelas fazendas de algodão. A saída foi permitir que tocassem nas igrejas os instrumentos dos brancos como violões rústicos de quatro cordas, mas que eles não sabiam tocá-los.

O Gospel (**infoescola.com/musica/gospel/**) teve grande influência no Jazz e no Blues, quando o negro ia tocar a escala pentatônica (**descomplicandoamusica.com/escala-pentatonica**) errava e esses erros deram origem à Blues Note (**descomplicandoamusica.com/escala-blues-blue-note**) que é a essência do Blues e do Jazz.

Da necessidade de se expressar, os escravos criaram um ritmo próprio semelhante a um lamento. Na lavoura, eles começaram a cantar os work songs (**loc.gov/collections/songs-of-america/articles-and-essays/musical-styles/traditional-and-ethnic/traditional-work-songs**) conhecido pelo Call and Response (**en.wikipedia.org/wiki/Call_and_response**).

A dificuldade em se adaptar ao instrumento foi basicamente com o piano, em New Orleans, e o violão de quatro cordas no Texas. Ou seja, o que faz surgir o Blues é uma tensão que gerou a Blues Note, uma nota tensionada em Mi Bemol. Daí foi criada a escala do Blues que influenciou o Jazz. Este é apenas um breve resumo do nascimento do Blues, do Jazz e de toda a importância que essas sonoridades tiveram ao influenciar a música em todo o Planeta nos mais variados estilos, incluindo o Rock.

Pernambuco Agora, que chance teria uma sonoridade melancólica com tantas especificidades em Pernambuco, estado do Nordeste brasileiro com a maior diversidade rítmica do país (pernambucocultural.com), de acordes alegres e populares que bota o povo pra dançar? Pois é, quem apostaria as próprias fichas numa banda de Jazz e Blues? "Só com muito amor à música" é a justificativa também resumida de Giovanni Marino Papaléo Filho, nascido em 1961, produtor cultural e fundador da Uptown Blues Band, grupo de Blues e Jazz que, em 2017, completa vinte anos de estrada. Assim como o Blues tem história, Giovanni tem a sua própria em interação com este estilo musical. "Jazz é diferente de Blues. Você pode tocar Jazz com estrutura de Blues, mas não é a mesma coisa. A sonoridade define o estilo. A de Blues é uma, a de Jazz é outra. Apesar de a raiz negra ser a mesma, a sonoridade é distinta", narra entusiasmado com a convicção de quem estudou a fundo o tema e passaria um dia inteiro falando sobre música. O produtor musical e baterista da Uptown não teve trajetória simples até chegar aos vinte anos de estrada exitosa.

Afinal, quantas bandas no Recife sobreviveram ao tempo, ao espaço e ao envelhecimento de seus integrantes?

À guerra de egos e todas as dificuldades inerentes à atividade de músico? Como diz Cazuza: "ser artista no nosso convívio pelo inferno e céu de todo dia".

A estrada da Uptown e do próprio Giovanni Papaléo não seria diferente. Há percalços, desafios, resiliências, alegrias, realizações e sonhos. Assim como a musicalidade do Blues, com a sua melancolia que remete à luta de sobrevivência dos negros ao sul dos EUA no século dezenove, a obstinação em acreditar em algo por amor é um solo de compassos arrastados. A resistência ao estilo musical diferente dos tradicionais em Pernambuco foi empecilho e ao mesmo tempo o melhor desafio que o band leader da Uptown poderia encontrar em seu caminho com artista.

Visionário Giovanni Papaléo enxergou o nicho musical num mercado saturado de mesmices, apologias, pieguices e hegemonia de pensamento sobre o que gostar ou não em termos musicais. "A Uptown é pioneira no Recife. Não havia banda tocando Blues. Tanto que eu tive de sair do Recife e do Brasil para aprender a tocar da maneira correta e ainda trouxe os melhores músicos nacionais e internacionais para ensinar como se faz", afirma. "Há resistência à diversidade musical e isso se percebe na falta de apoios institucionais. Isso não acontece no sul e sudeste do país, onde é mais fácil conseguir patrocínio". De acordo com ele, o pré-requisito da cultura popular para conseguir incentivo público nunca foi imposição para que se curvasse a seguir a manada. "Apesar de ter realizado alguns dos principais festivais de Jazz e Blues do Brasil e de todo reconhecimento em nível nacional e internacional, eu e meu parceiro de eventos Jackson Rocha Junior (**linkedin.com/in/jackson-rocha-jr**) nunca conseguimos aprovar qualquer projeto no Funcultura (cultura.pe.gov.br/funcultura)".

"A música não tem fronteiras nem rótulos", alerta Giovanni. "A cultura popular de Pernambuco acaba diminuída pela maneira paternalista como é apoiada. Eu não uso a cultura de Pernambuco como emprego. Para mim é paixão a ser oxigenada para conviver com outras influências". Ele conta que gosta de Rock, mas há gente demais produzindo. Isso, porém, não foi o motivo para fazê-lo seguir outra vertente, nem o nicho de mercado. Reconhece que ganharia mais produzindo estilos musicais massificados, mas isso não lhe traria a satisfação e o prazer que o Blues e o Jazz lhe oferecem. "Nunca quis o mais fácil. Produzo o que gosto e acredito. O dinheiro que ganhasse em produzir e tocar gastaria depois em terapia".

Música e Engenharia Antes de formar a Uptown Blues Band e chegar ao paraíso da consolidação e do reconhecimento público, Giovanni Papaléo teve que passar pelo purgatório do aprendizado e da rejeição de quem começa tarde na música. Em especial na bateria, o instrumento da arquibancada que faz a cozinha com o baixo para que a turma da frente infle o ego nos solos. O primeiro desafio foi convencer os pais sobre o desejo de ser músico. Sem acordo. Primeiro a faculdade, depois a farra. Giovanni Papaléo não apenas concluiu a graduação em Engenharia Mecânica como ainda se empregou no Metrorec **(portal.metrorec.com.br)** e garantiu estabilidade financeira para bancar sua dedicação e paixão pela música.A bateria não foi o primeiro instrumento escolhido. O canto veio antes. Bem cedo, ainda na infância, lá pelos onze anos, quando cantava no palco com a irmã gêmea Adriana Papaléo. "Minha irmã é boa violonista e a melhor musicista (quem produz ou executa obras musicais) da família". A parceria continuou até a juventude com apresentações em dupla no colégio. Ela tocando e cantando, ele cantando. "Eu gostava de cantar e até hoje canto. Faço a maioria dos arranjos da Uptown. Minha voz é barítona (voz masculina média mais aguda que o baixo e mais grave que o tenor) e para o Blues é ótima", conta o produtor, alertando que a irmã cantora, vez ou outra, dá canja nos shows da Uptown. A musicalidade na família Papaléo tem origens mais antigas que a infância dos dois irmãos. O avô italiano de Giovanni, Francesco, tinha formação de cantor amador de ópera, mas vem do pai Giovanni Marino Papaléo a principal base de formação musical pelo Jazz. "O bom gosto do que se ouvia em casa influenciou na minha formação", admite o baterista da Uptown. Deste bom gosto musical faziam parte Frank Sinatra, Motown (**classic.motown.com/**), Sarah Vaughan (**clubedejazz.com.br/ojazz/jazzista),** Duke Ellington (**biography.com/people/duke-ellington**), Count Basie (biography.com/people/count-basie), entre outros deste naipe.

O desejo pela bateria foi despertado ao ouvir os solos de Buddy Rich (**batera.com.br/Biografias/buddy-rich**), um dos maiores baterista de Jazz de todos os tempos. "Meu pai o apresentou em disco. Buddy tinha a big band própria. Papai o apresentou tocando com Frank Sinatra que abre espaço para Buddy executar o solo de bateria".

Rock Como boa parte dos adolescentes em meados dos anos 1970, Giovani gostava do Rock de Eric Clapton, Led Zeppellin, Rolling Stones, Beatles, Rush e da música negra americana com Michel Jackson e Motown. O Blues começou a ser consumido no final dos anos 1970 com um grupo de amigos, entre eles Theóphilo Serun Neto. O amigo voltara dos EUA com discos de artistas do legítimo Blues americano de Chicago, New Orleans e Mississipi. "O Blues é o pai do Rock e da música Pop mundial, mas só chegou ao Brasil depois do Rock", diz Papaléo. "A gente se reunia na casa de Theóphilo e o Blues era o novo som, depois do Rock e do Jazz". Ainda dentro do universo "roquenrou" pernambucano que o influenciou a produzir, Giovanni relembra do show no estacionamento do embrionário Shopping Center Recife, em 18/12/1983. Na época, Herdeiros de Lúcifer estreava como a primeira banda Heavy Metal do Recife e Giovanni ajudou a produzi-lo. "Foi a minha primeira experiência em produção". Outra história interessante do Rock nos anos 1980 foi o Festival Mauriztadt com bandas do Nordeste, no Sítio da Trindade, em Casa Amarela.

Em tempo: O livro "Origem e consolidação do Metal em Pernambuco", do jornalista Wilfred Gadêlha (Recife, 2014), traz todas as informações sobre o tema.

Já no final dos anos 1980, a produtora Kamikaze do baterista Fred Creder (**facebook.com/fred.creder**), da Herdeiros de Lúcifer, trouxe para o Teatro Santa Isabel a histórica banda de Rock Progressivo dos anos 1970, O Terço (**rockprogressivo.com.br/canais/bio/terco.htm**) que estava com nova formação. Foi quando Giovanni conheceu o baterista Flávio Pimenta, à época proprietário da Escola Drum (**drumchannel.com.br/flavio-pimenta**). A outra banda que tocou neste festival foi a Blues Etílicos, a mais antiga de Blues em atividade no Brasil (antes houve a Atlântico Blues) e a primeira deste segmento musical a tocar no Recife. Segundo Giovanni, não havia no Recife bandas que só tocassem Blues. "No Mandala (**uol.com.br/JC/_2000/3010/cc3010_3.htm** Mandala) tinha Jazz e a banda Má Companhia incluía Blues no repertório de Rock". O que chamou à atenção do aspirante a produtor e baterista foi perceber que o teatro ficou vazio para o show da banda paulista O Terço, mas para a improvável banda carioca Blues Etílicos estava cheio. "Naquela noite não entendi como não tinha público para o show de Rock, mas para a de Blues tinha. O Rock sempre foi mais popular que o Blues". Papaléo conta que a música da banda "soava fácil, mas não era simples. Era repetitiva, mas difícil de executar". "A simplicidade do Blues engana o músico. É o estilo musical mais fácil de tocar errado", analisa com a propriedade que lhe cabe.

A performance da banda carioca de Blues para o produtor foi decisivo. "Deu o start que havia público para aquele estilo musical". O primeiro nome nacional a vir ao Recife para tocar com a Uptown Blues Band foi Flávio Guimaraes (**flavioguimaraes.com.br**), gaitista da Blues Etílicos. Giovanni o conheceu por acaso numa carona para o Aeroporto. "Ele estava com um berimbau na mão e atrasado para o voo de volta para Rio de Janeiro. Dali se iniciou uma amizade produtiva de negócios na música".

No Brasil, além da Blues Etílicos, a grande referência no segmento foi Celso Blues Boy (**ebiografia.com/celso_blues_boy**) que fez música autoral em português e com grandes sucessos tocados nas rádios. O cultuado guitarrista B.B. King (**bbking.com**) gravou e fez show com Celso Blues Boy. "Tivemos a honra de trazê-lo em sua única turnê pelo Nordeste na programação do projeto Oi Blues By Night e a Uptown o acompanhou nos shows", conta Papaléo.

Maurício Chiapetta Com a vida arrumada aos vinte e quatro anos, Giovanni foi aprender "formal e tardiamente" bateria no Conservatório Pernambucano de Música, onde conheceu o professor Maurício Chiapetta (MPB - Compositores pernambucanos: Coletânea bio-músico-fonográfica: 100 anos de história. Cepe Editora. Recife, 2015) que durante uma conversa falou que foi desafiado a tirar o solo de Tom Sawyer, da banda Rush (**vagalume.com.br/rush/biografia**), executado pelo baterista Neil Peart (**neilpeart.net**). Entre as bandas de Rock dos anos 1970, Neil foi um dos mais talentosos e se tornou referência mundial.

Ele e Buddy Rich foram decisivos para Giovanni se decidir pela bateria como instrumento musical. "Maurício não tinha nada a ver com Rock. Mas o fato de tocar o solo de Neil Peart me fez querer ter aulas com ele". Foi graças a Chiapetta que Giovanni aumentou o conhecimento sobre a importância da bateria para o Jazz, a praia do professor. "Passei a conhecer nomes como Buddy Rich, Art Blackey, Joe Morello, Max Roach, entre outros. Antes eu não estudava os bateristas de Jazz".

Os primeiros ensinamentos de bateria com Maurício Chiapetta foram aulas particulares na casa dos pais no bairro do Torreão, zona norte do Recife, e sem as formalidades no ensino da música. Só depois Giovanni passou ao estudo formal e à técnica apurada de partitura e ritmo com o professor Antônio Barreto que hoje leciona na UFPE.

Nota: Maurício Chiapetta faleceu em 2016, um dia antes de começar o Gravatá Jazz Festival. A Uptown lhe prestou homenagem. Nos anos 1970, Maurício se apresentava no restaurante Mandala, no bairro do Espinheiro.

Maurício Chiapetta, o primeiro professor de bateria de Giovanni

Teoria e Prática Mesmo com o aprendizado das aulas práticas, teóricas e as técnicas sobre o instrumento, o início da vida profissional de baterista Giovanni Papaléo não foi fácil. A falta de experiência em tocar com banda era uma lacuna a ser preenchida. Maurício Chiapetta havia liberado o pupilo das aulas, porque a parte de ensinamentos foi concluída. Daquele ponto em diante Giovanni precisava "tocar com os caras", ou seja, tocar com outros músicos, em grupos e aprender com a prática. Só que em banda de músicos tarimbados ninguém quer perder tempo com novatos.Esta falta de cancha em tocar com banda o fez enfrentar momentos difíceis. "Houve ocasião de músico sair do estúdio e dizer que não tocaria comigo", relembra com ironia o band leader da Uptown que agora ajuda a formar novos músicos para o mercado. "A Uptown é uma escola prática de formação musical de Blues. Isso foi reconhecido pelo jornalista Marcelo Pereira, em matéria no Jornal do Commercio. Muitos dos que estão no mercado hoje tocando Blues se formaram na

Uptown". Profissionalmente na música, o início de Giovanni Papaléo se deu tocando "caixa" **(*)**, em 1995, com a banda de Maracatu Nação Pernambuco.
(**sonsdepernambuco.com.br/artistas/maracatu-nacao-pernambuco**).

*(**Caixa de guerra**) - Tambor agudo que possui na pele de resposta uma esteira ou bordão e produz um som rufado e característico. Possui frases rítmicas com grande quantidade de notas o que dá a este instrumento a possibilidade de coordenar e harmonizar as alfaias. São as caixas de guerra, juntamente com os taróis, que dão a chamada para a entrada dos outros instrumentos.

Intercâmbios Em busca de experiência e novos conhecimentos como baterista, Giovanni foi para São Paulo no início dos anos 1990, conhecer a Escola Drum, de Flávio Pimenta. "Ele fazia esses eventos em São Paulo e resolvi copiar o modelo para Recife". O produtor pernambucano firmou parceria e organizou workshop de percussão e bateria. Este evento, entre outros realizados por Giovanni envolvendo organização e produção, foi fundamental para a concepção e criação da Uptown Blues Band. "Eu queria de alguma maneira participar do cenário musical do Recife". É bom contextualizar que a cidade do Recife, nos anos 1990, passava pela efervescência do Manguebeat **(cliquemusic.uol.com.br/generos/ver/mangue-beat)**, "o núcleo de pesquisa e produção de idéias pop" articulado por parte da juventude recifense que misturou a música Pop internacional como Rock, Rap e Música Eletrônica aos gêneros tradicionais da música pernambucana como Maracatu, Coco, Ciranda e Caboclinho. O Jazz e o Blues, definitivamente, não faziam parte do contexto musical popular e nem fazem até hoje, mas era a música que Giovanni queria tocar e produzir. Como ele diz: "faço as coisas por amor".

Nesta mesma época, o agora produtor Giovanni Papaléo foi aos EUA conhecer a Drummers Collective (**thecollective.edu**) em Nova York. Lá teve aulas de bateria, conheceu pessoas do circuito musical, ganhou conhecimento e experiência fundamentais para serem aplicadas à realidade local. A primeira iniciativa após esta viagem foi organizar o evento internacional chamado "Oficina de Percussão de Recife", em 1995, com apoio das marcas Aky Discos, Cultura Inglesa, Divulgadora, Spettus, Odery (fábrica de instrumentos de percussão) e do então Secretário de TURISMO, CULTURA E ESPORTES DA CIDADE DO RECIFE (1997-2000) Raul Henry.

O evento durou uma semana e usou os palcos da Fundação Joaquim Nabuco - FUNDAJ, do Teatro de Santa Isabel e do Conservatório Pernambucano de Música, onde se apresentaram nomes internacionais como Peter Magadini (amazon.com/Peter-Magadini), Chuck Silverman (drummerszone.com/news/article/artist-news-1-12743/in-memoriam:-chuck-silverman) e Chris Adams (**chrisadamsdrums.com**); nomes nacionais, como Robertinho Silva, além de atrações locais como Maracatu Nação Pernambuco, Antúlio Madureira e Nação Zumbi.

A iniciativa produziu intercâmbio cultural internacional e a repercussão na mídia espontânea foi expressiva. Para Giovanni, o grande mérito deste festival foi divulgar no exterior a riqueza musical do Nordeste, em especial a de Pernambuco, mostrando que a cultura percussiva ia além dos ritmos divulgados pelos sul do Brasil que eram o Samba e a Bossa Nova. "Demos início a um gênero pouco explorado que é o turismo cultural".

A Modern Drummer Magazine, a mais cultuada revista de bateria no mundo, registrou o evento em dez páginas. "Até então nenhum evento brasileiro tinha saído nesta revista americana com destaque. Isso me fez ficar conhecido em nível nacional".

Em tempo: Antes de Giovanni Papaléo, só Naná Vasconcelos, Duduka da Fonseca, Airto Moreira e Paulinho da Costa tinham aparecido na revista, mas não em coberturas de shows fora dos EUA, nem em solo brasileiro. (No site batera.com.br é possível encontrar a biografia de diversos bateristas).

Divisor de águas A repercussão numa revista internacional funcionou como divisor de águas na carreira de produtor e como passaporte para a realização de novos eventos e apoio de patrocinadores fortes como a maior fabricante de pratos de bateria no mundo, a Avediz Zildjian (**zildjian.com.br**). "Recebi convite para produzir o Zildjian Day" (zildjian.com/files/zildjian-day). Com isso, Giovanni passou a ser o primeiro endorser internacional da marca em Pernambuco. "Fiz uma série de eventos inéditos pelo Nordeste", afirma o baterista, olhando no presente o retrovisor das conquistas do passado.

Em tempo: No universo musical, endorsee é o fiador (OU AVALISTA) e endorser o avalizado. Portanto, quando uma marca avaliza um músico, ele passa a ser o endorser. Quando o músico avaliza uma marca, ele se torna endorsee (blog.santoangelo.com.br/endorsee-ou-endorser-qual-a-diferenca/).

O evento Zildjian Day consiste em realizar oficinas de bateria e percussão. O Teatro do Parque foi o local escolhido no Recife e onde se apresentaram alguns dos melhores bateristas do mundo. O produtor pernambucano dirigiu três edições entre 1999 e 2001, todas com teatro lotado. Entres os grandes nomes estavam o percussionista indiano Trilork Gurtu (**trilokgurtu.net**), os bateristas brasileiros Albino Infantozzi (facebook.com/albinoinfantozzi) e Cláudio Infante (**claudioinfante.com.br**), este casado com a cantora de Blues e Jazz, Taryn Szpilman (**taryn.com.br**) que se tornou grande parceira da Uptown com vários shows realizados juntos. O resultado positivo e o potencial do mercado no Nordeste empolgou a fabricante de instrumentos musicais a manter o evento internacional na cidade. Em 1999 só havia uma data disponível da empresa para trazer Manu Katché (**fr.wikipedia.org/wiki/Manu_Katch**) ex-baterista de Sting (ex-The Police) e de Peter Gabriel (Genesis). A marca só tinha uma data para o Brasil e, ao invés de levar para Rio de Janeiro ou São Paulo, escolheu Recife. "Foi uma conquista significativa para a cidade. Para mim, como produtor, foi o reconhecimento definitivo".

Giovanni conta que no Teatro do Parque onde cabem mil pessoas sentadas, no dia da apresentação de Manu Katché a capacidade estourou com mil quatrocentas e setenta pessoas vindas de todo o Nordeste. "Este tipo de workshow não acontecia no Recife, então todos queriam aprender com os melhores".

Airto Moreira A vida é feita de amizades. Entre os amigos que Giovanni fez como produtor de eventos, a amizade com o percussionista brasileiro radicado nos Estados Unidos, Airto Moreira **(batera.com.br/Biografias/airto-moreira),** é uma das mais frutíferas. O músico é casado com a cantora Flora Purim. **(cantorasdobrasil.com.br/cantoras/flora_purim**). O casal vive nos EUA desde os anos 1960. Airto é um dos criadores do Jazz Fusion (clubedejazz.com.br/ojazz/historia_jazzfusion) que levou o baião para o mercado americano. "Desta célula originou o Jazz Fusion".

Por meio de amigos, Papaléo soube que Airto estava com o projeto para a gravação de um disco com sons regionais brasileiros pela gravadora M.E.L.T 2000 (**melt.co.za**). O disco seria gravado na Bahia com músicos locais. Giovanni ligou para Airto e fez um trabalho de convencimento para levar o projeto a Pernambuco. Usou como argumento a diversidade de ritmos locais. "Airto é curitibano com alma pernambucana", vaticina.

Code: Brazil - Target: Recife A defesa bairrista foi bem sucedida. Airto Moreira veio com Flora Purim para Pernambuco, onde viajou por algumas cidades do interior, entre elas Caruaru. Selecionou os músicos para a gravação no Conservatório Pernambucano de Música - CPM que resultou numa coletânea, infelizmente, nunca lançada no Brasil. O disco é uma relíquia e se chama "Code: Brazil - Target: Recife". O site **raru.co.za/music/42422-airto-moreira-code-brazil-target-recife-cd.** é uma das poucas plataformas disponíveis para ouvir este disco histórico. "Foi a primeira gravação de um disco somente com artistas pernambucanos para o mercado internacional". Para concretizar o projeto em Pernambuco, Giovanni contou com o apoio do então presidente da Fundarpe, jornalista Jair Pereira; e do secretário de Cultura, Raul Henry. Ambos atuaram para conseguir apoios logísticos e estrutura, além de horário no Conservatório Pernambucano de Música. Segundo Papaléo, "não tinha horário de estúdio no CPM para Airto Moreira". O que? Diria abismado o leitor. "Pois é, não tinha horário para Airto Moreira gravar em Pernambuco". A oportunidade era imperdível para artistas locais se lançarem fora do Brasil nos moldes do que Paul Simon (**paulsimon.com**) fez quando gravou na África (**gazetadopovo.com.br/caderno-g/a-odisseia-africana-de-paul-simon**).

Tocam neste disco Tavares da Gaita, Banda de Pífanos de Caruaru, Maracatu Nação Erê e Mestre Salustiano. Airto tocou percussão. O disco não precisou de bateria. Flora Purim fez backing vocal em algumas faixas. Giovanni Papaléo ajudou na produção e depois organizou shows de Airto Moreira pelo Nordeste. "Aprendi com Airto. Lenda da música internacional que me tratou com simplicidade", relata o produtor; garantindo que a maioria dos músicos que leva para o Recife são pessoas simples, sem arroubos de egos.

Giovanni, Adriana, Emerson, Thomaz.

Noite de Percussão em Garanhuns Embalado pelos resultados positivos e ocupando espaços em nichos, onde há demanda para Blues e Jazz, Giovanni é convidado a realizar, em 1998, a convite da Fundarpe, uma noite de percussão no Festival de Inverno em Garanhuns - FIG (facebook.com/fig.oficial/). "Cada oportunidade é o momento de mostrar algo novo e ousado. De alargar horizontes e possibilidades". A apresentação reuniu alguns dos melhores músicos brasileiros e estrangeiros. Entre os artistas nacionais estava o percussionista Robertinho Silva (**instrumentalsescbrasil.org.br/artistas/robertinho-silva**) que tocou com diversos cantores, entre eles Milton Nascimento; Nico Assunção (**nicoassumpcao.com.br/bio**), Armando Marçal (**letras.com.br/biografia/armando-marcal**). Do Recife, Maracatu Nação Erê. Dos EUA, Rudess Morgenstein Project (**en.wikipedia.org/wiki/Rudess/Morgenstein_Project**) **com a dupla Rod** Morgenstein e Jordan Rudess (**jordanrudess.com**), tecladista da banda de rock progressivo Dream Theather (**facebook.com/dreamtheater**); Valfredo Reis Junior (**walfredoreyesjr.com/**) que foi baterista do guitarrista mexicano Carlos Santana; (**letras.com.br/biografia/carlos-santana**), Steve Windwood (**allmusic.com/artist/steve-winwood**).

Apesar de não serem nomes massificados e conhecidos pela maioria dos brasileiros, o resultado da apresentação no FIG mostrou que havia público para as atrações. Também foi a primeira vez que artistas estrangeiros de alto nível musical se apresentavam em Garanhuns. "O evento foi excelente", relembra Giovanni, confirmando o óbvio. "Há demanda para todos os tipos de música, incluindo o Blues e o Jazz".

Nota: Rudess "Rod" Morgenstein foi eleito por cinco anos The best overall drummer pela Modern Drummer dos EUA. Ao voltar para Nova York, ele escreveu artigo divulgando e ensinando o que aprendera em Pernambuco sobre o Maracatu Nação Erê.

Latin Percussion Uma das atrações daquele ano em da FIG foi o show do percussionista Giovanni-Hidalgo (**lpmusic.com/artists/artist-roster#Giovanni-Hidalgo**), do Panamá, país da América Central. "É considerado o maior congueiro do mundo", diz Papaléo. A marca de instrumentos musicais Latin Percussion (lpmusic.com/about) é patrocinadora do artista e tinha interesse que ele tocasse no Brasil. Um dia antes do show chega à casa de Giovanni um caminhão da empresa carregado de instrumentos de percussão para serem usados na apresentação de Hidalgo. No mesmo dia, Papaléo recebe ligação da secretária da empresa confirmando que o músico embarcou no voo. Ela aproveita para agradecer ao empenho em levar o artista para o Brasil. É que Giovanni-Hidalgo esquecera os documentos e quase não embarcava para Pernambuco. Disse que os instrumentos eram presentes de Martin Cohen, fundador da Latin Percussion, para Giovanni. "Foi a maior prova de reconhecimento que eu poderia ter por meu trabalho".

Os cubanos e o Governo Arraes Outra boa história envolve a banda de Salsa, Klimax (**klimax.cult.cu**), de Cuba. Se em 2017 a liberdade dos cubanos está menos restrita, em 1998 a possibilidade de sair da ilha era proibitiva. Giovanni quis levar para Garanhuns o grupo que nunca havia tocado no Brasil. Para conseguir a liberação foi preciso a intervenção direta e pessoal do então governador Miguel Arraes de Alencar que fez as tratativas com o governo da ilha caribenha. "Nunca se soube com quais líderes cubanos o Governo de Pernambuco tratou", afirma Papaléo.

O líder da Klimax é o baterista Giraldo Piloto que a formou em 1995. Desde esta época, a Klimax se mantém em atividade como uma das maiores bandas de Salsa do mundo. "A banda veio, tocou em Garanhuns e foi embora direto para o aeroporto". A autorização para sair de Cuba foi restrita ao show e nada mais.

Artistas renomados tiveram a Uptown como banda de apoio. Na foto, dueto memorável de Adriana com Karl Dixson.

Uptown Blues Band Em 1997, Giovanni mantinha consolidada a carreira como produtor dentro do meio musical do Blues e Jazz, mas queria mais. "Eu queria algo do zero, uma banda nova para tocar a música mais velha do ocidente. Gosto do Jazz, do Blue e do Rock com a mesma intensidade. Rock é filho do Blues. Jazz e Blues trocam figurinhas. Ambos se influenciam", analisa com a autoridade de quem toca e estuda a música negra americana há décadas. Ele garante que a Uptown é a primeira banda do Recife a atuar neste segmento, apesar de saber que nem todos reconhecem este pioneirismo. "Antes não havia banda tocando Blues tradicional, tanto que saí do Brasil para aprender a tocar da maneira correta. Hoje, somos a banda de Blues no Brasil que mais acompanhou artistas estrangeiros e brasileiros". Para ampliar o gosto pelo estilo musical na cidade onde mora, Giovanni trouxe alguns dos melhores músicos internacionais de Blues para tocar e ensinar. "Sempre considerei importante a interação de artistas locais com músicos do exterior e de outras regiões do Brasil. Mas do que vê-los, dei a oportunidade de interação para tocar juntos, o maior de todos os aprendizados".

Para Giovanni, no Recife tinha baterista que tocava Blues com pegada de Rock; guitarrista que tocava Blues, mas não tinha o combo, ou seja, a banda toda tocando o Blues como deve ser tocado. "A primeira banda de Pernambuco onde todos tocam Blues é a Uptown".

Segundo o Papaléo, não havia referência de banda de Blues no Recife e este foi um dos motivos de ele levar para a cidade bluseiros do sul do Brasil e do exterior. "Fazer solo é fácil. Dificil é acompanhar, porque o músico tem que escutar e ter humildade. Um pouco de paciência. O ouvido grande e a boca pequena para ouvir mais do que falar". E lança o desafio sobre o que é mais fácil: fazer a própria música ou tocar a música do outro? "A sua música você cria. A do outro você tem que estudar para aprender. É mais dificil acompanhar outros artistas no palco. É um exercício de humildade".

Garanhuns Jazz Festival, 2010

Uptown – primeiros passos

Os primeiros ensaios foram em 1997, mas o band leader da Uptown reconhece que não sabia o que era Blues. "Há diversos bons músicos que quando vão tocar Blues é uma lástima. Alguns querem impor o conhecimento ao invés de ter humildade de aprender a real sonoridade do estilo musical, do fraseado". Para ele, no universo do Rock, o Led Zeppelin e os Rolling Stones foram à busca desse aprendizado. Assim como o exímio guitarrista Robben Ford **(allmusic.com/artist/robben-ford-mn0000830063) que se apresentou com sua banda no Recife,** em 2006, numa produção de Papaléo e Jair Pereira no Teatro da UFPE. "Foi um dos grandes shows que fizemos no Recife".

Em tempo: Robben Ford tocou Rock com George Harrison (Beatles), Jazz com Miles Davis (milesdavis.com) e Blues com muitos dos grandes mestres.

Enquanto a Uptown realizava os primeiros ensaios e era apenas um projeto embrionário, o universo conspirava a favor. Um convite do empresário Tito Lívio, sócio proprietário do Downtown Pub (**downtownpub.com.br**), na rua Vigário Tenório, no Recife Antigo, motivou à profissionalização. "Ele ligou pedindo uma banda de Blues para uma temporada. O pub era o local mais movimentado da noite do Recife Antigo", diz Giovanni. Pedido feito, pedido aceito com prazo de um mês para arrumar a "tal banda". "A Uptown estava em gestação, mas o fato de ter um convite com dias certos e por um período prolongado de shows acelerou o processo", reconhece o fundador, band leader e único da formação original naquele, agora distante, ano de 1997.

Manguebeat É preciso contextualizar o ano de criação da Uptown Blues Band com o cenário artístico musical do Recife, em 1997. A cidade que "não para" e "só cresce da lama ao caos" estava tomada pelo Movimento Manguebeat (historiadomundo.uol.com.br/curiosidades/o-que-foimovimento-manguebeat.htm). O que começou em 1991 com um público alternativo a partir do primeiro show de Chico Science, no bar Oásis, em Olinda, dividindo palco com a banda Mundo Livre S.A., massificou-se em cinco anos. Em 1996, Chico com a Nação Zumbi lança o segundo álbum, depois do sucesso do primeiro, cuja música "Praieira" tocou com frequência nas rádios. Certamente este era um cenário aberto para novas bandas seguirem essa sonoridade com público garantido de mangueboys and manguegirls. A palavra nicho, na Administração e no Marketing, significa um segmento de público cujas necessidades não são bem exploradas; "a parte pequena de um mercado com necessidades e hábitos específicos e consumidores exigentes". Por este conceito, Giovanni dirigiu na contramão do movimento musical vigente, onde as oportunidades eram imediatas e surfavam na crista da onda. Muitos seguiram a tendência. Muitos ficaram no caminho. Quantas bandas e produtores sobreviveram? A moda com as suas opiniões, seus gostos e modos de agir, viver e sentir coletivos pode ser efêmera.

Giovanni buscou o próprio caminho não apenas orientado pelo nicho que havia na cidade praieira de meados dos anos noventa. Ele investiu tempo e energia na música que ama, sabe, entende e lhe dá prazer. "Poderia ganhar mais produzindo o que nao gosto, mas gastaria tudo em terapia", brinca, enquanto diz a verdade. A felicidade nem sempre está em fazer algo onde se ganha mais, mas em ganhar bem pelo que se tem prazer em executar. E quando se ama o que se faz, faz-se melhor.

O contrato de temporada no Downtown era a chance que a pioneira banda de Blues do Recife precisava para estrear num lugar bacana, bem frequentado e com cachê garantido. "Foi um motivacional forte", admite o baterista da Uptown. "Nesse tempo", conta Giovanni, "eu escutava Eric Clapton achando que era o verdadeiro Blues na essência"; e reconhece: "A Uptown tocava Blues com pegada de Rock como muita gente faz".

Why Uptown?

Quando o convite de Tito Lívio chegou, o nome da banda não estava definido, mas ao escolher por alguma inspiração cósmica universal, Giovani soube que tinha acertado na personalidade do estilo que se impunha e ao que gosta de tocar. As palavras "up" e "town" ao pé da letra significam "para cima" e "cidade". Juntas seriam "acima ou fora da cidade", "fora do centro". Para o fundador da banda, significa "fora da caixa", "da panelinha" ou do algo novo para Pernambuco. "Up de alto astral, para cima. A criação de algo novo com o estilo musical mais antigo que deu base para outras vertentes de músicas".

Downtown Pub No dia da estreia, todos da banda estavam nervosos, mas eufóricos. A efervescência no bairro do Recife Antigo, em 1997, em especial no Downtown Pub lotou o espaço naquela noite histórica de outubro. Quem conhece o lugar sabe que do térreo ao mezanino a casa abriga uma centena de gente fina elegante sincera dos vinte e um anos acima. Sentado por detrás do prato, bumbo, chimbau, tom-tom, das baquetas e da caixa, o baterista alcançou a vista em todo o ambiente. Colada à frente e nas laterais, a banda com quem ensaiou intensamente para a estreia. Todos estavam afiados. O show foi sucesso. O julgamento estava no som ao redor dos aplausos, na fisionomia das pessoas e no alto astral do público. Cumpria-se a missão **Up** que a new **Band** de **Blues** da **Town** desejava para Recife. Vencia-se a primeira batalha. A guerra apenas começava. O maior elogio que o baterista ouviu nesta noite foi de um amigo exigente: "não foi tão ruim quanto eu pensava".

Como todos os grupos de indivíduos que dividem sonhos e negócios, deste primeiro show até dias atuais houve rupturas naturais ao longo do caminho. Da formação original da banda, Giovanni Papaléo é o único remanescente. A marca Uptown Blues Band foi registrada pelo advogado José Carlos Mayrinck. "Nunca dirigi a banda pensando em ganhar dinheiro. Foi por amor à música. Com o tempo desenvolvi a visão empresarial por necessidade, mas aconteceu por diversas vezes de eu ser o único a sair sem cachê". Segundo ele, show no dia a dia em bar não compensa financeiramente e a depender da situação o produtor passa todo o cachê para os músicos como incentivo. A primeira temporada no Downttown Pub durou o verão, mas na verdade se prolonga aos dias atuais. "Fizemos outras temporadas e continuamos a tocar lá", afirma Papaléo que, até aquele ponto, produzia shows esporádicos, empreendendo, investindo, reevestindo, sem conseguir retorno sustentável. "Tito me ajudou a manter um trabalho estável na música. Ele acreditou desde o início". Na mesma época, a Uptown encontrou abrigo no London Pub, do empresário André Lubambo; e no Uruguay Club (atual prédio do Consulado Uruguaio), em Olinda, de Maurício Carneiro Leão. "Essa trinca ajudou a Uptown Blues Band no início da carreira".

História curiosa ocorreu em 15/09/2001. A Uptown esperava o famoso gaitista Peter Madcat (**madcatmusic.net**) para tocar no Downtown Pub. Era apenas o quarto dia após o atentado ao Word Trade Center e os aeroportos estavam caóticos. O músico não conseguiu embarcar nos EUA. "Fomos atingidos indiretamente pelo atentado terrorista". O show foi realizado com músicos locais e mais duas atrações do Rio de Janeiro: Jefferson Gonçalves (jeffersongoncalves.com) e Big Joe Manfra (bigjoemanfra.com).

A ausência de Madcat foi explicada ao público. Depois vários outros shows rolaram no Downtown Pub com nomes pesos pesados como Celso Blues Boy e Victor Biglione (**victorbiglione.com.br**) "Nunca deixei a parceria com meu amigo Tito. A banda dá um tempo do Downtown, depois volta para nova temporada", comenta Papaléo.

Nota: Os shows atuais da Uptown em parceria com Tito Lívio acontecem no Downtown Pier (**downtownpier.com.br**).

Nader

Papaléo registra que diversos personagens da cena empresarial do Recife o ajudaram desde sempre. Uma dessas pessoas foi o empresário Alberto Nader (em memória). Albertinho, como era conhecido, abriu as portas da boate Musique, no bairro de Boa Viagem, que depois foi Audrey e Mi Vida, para os shows do projeto Oi Blues By Night com Uptown e convidados.

Imprensa De acordo com Giovanni, a mídia escrita, falada ou eletrônica sempre foi solícita em divulgar os shows da Uptown e às produções realizadas por ele. Papaléo afirma que a imprensa pernambucana desde o início acreditou no trabalho diferenciado da banda e dos seus projetos artísticos e culturais. "Quero deixar este registro". Para ele, sem o apoio de veículos de comunicação como a Rede Globo Nordeste e do diretor geral, Iuri Leite, nada disso seria possível. Giovanni Papaléo lembra ainda o editor do Caderno C, Marcelo Pereira, que escreveu a apresentação do primeiro CD da Uptown; o colunista social do Diário de Pernambuco, João Alberto; o colunista de música do JC, José Teles; o finado Orismar Rodrigues; e os jornalistas Marcos Toledo, Roberta Jungmann, Tatiana Meira, Mirella Martins, Jô Mazzarollo, Adimar Santos, entre diversos outros nomes que o produtor gostaria de registrar. "Corro o risco de citar alguns, não todos porque seria impossível, mas fica o meu amplo agradecimento aos que, de uma maneira ou outra, apoiaram e apoiam a Uptown em sua trajetória".

The band leader Giovanni Papaléo, produtor e baterista da Uptwon

Patinho feio Para Giovanni, o Blues sempre foi o "patinho feio": nunca esteve na moda, mas também nunca ficou fora dela. E cita como exemplo B.B. King que, aos 90 anos, pouco antes de morrer continuou tocando em turnês. "O público não era atraído pela aparência dele. Era a música que ele tocava, já idoso, sentado com a sua Lucille (apelido que o mestre dera para a sua guitarra Gibson) (oglobo.globo.com/cultura/musica/curiosidades-sobre-lucille-famosa-guitarra-de-bb-king)". Para o produtor, o clássico não depende de imagem. "Algo que diferencia o Blues do Pop é a imagem do artista ser tão ou mais importante que a música". No início da temporada no Downtown Pub, a Uptown tocava no meio da semana para o pessoal mais maduro e as bandas de Pop Rock nos finais de semana para o público jovem. Na prática, a casa que estaria vazia no meio da semana passou a ter público de alta qualidade em consumo, apesar de ser em menor quantidade que nos finais de semana. "Muitas das bandas Pop dos anos 1990 sumiram e a

Uptown continua ativa"; e deixa o registro: "A primeira banda de Blues do Brasil foi a Atlântico Blues, de 1977 (avozdoblues.blogspot.com.br/2015/09/historia-do-blues.html). A Blues Etílicos vem depois. A Uptown segue firme com vinte anos de estrada. "Blues é um estilo mundial que nunca vai estar na moda, mas também nunca vai sair de moda", vaticina.

London Pub

Próximo ao Downtown Pub, no lado ocidental do Recife Antigo como se definia na época a parte do bairro onde está a rua do Bom Jesus, fica o histórico imóvel do London Pub, do empresário André Lubambo. Nos anos 1990 foi um dos bares restaurantes mais movimentados diuturnamente na efervescente rua da Sinagoga com a concorrência insustentável de bares. O convite de Lubambo para uma temporada de shows resultou em dois anos de sucesso, público cativo, fiel e constante de casa cheia.

No London Pub, a Uptown começou a receber convidados para tocar e o produtor Giovanni a planejar o futuro sustentável para o Blues no Recife a partir de sua cria. Paralelo a esta temporada, houve uma sucessão de convites para bares e casas de shows. Desde entao a banda não parou. "Havia mais bares para shows no Recife. Hoje a maioria se tornou casa de recepção", aponta a seta da crítica sem acertar um alvo único. No ano de 2000 foi criada a logomarca da Uptown produzida pela agência 3Pontos Comunicação (**facebook.com/3PontosComunicacao**) e mantida até hoje. Em 2001, em parceria com Tito Lívio, Giovanni criou o "Recife Blues Festival" e trouxe a Blues Etílicos, Nuno Mindelis (**nunomindelis.com.br**) e Victor Biglione. "A Uptown abriu portas para a realizaçao de grandes festivais como Oi Blues By Night, Gravatá Jazz, Garanhuns Jazz, Rio Mar Jazz Fest, Jazz Porto, entre outros eventos musicais".

Como fundador de sua própria banda de Blues, Giovanni aumentou sua exposição pública não apenas como baterista, mas também como produtor de shows. "A Uptown atua como banda de apoio para músicos de fora de Pernambuco. Isso favorece o intercâmbio entre as culturas, porque trazer o artista solo é mais viável do que uma banda inteira", ensina o experiente produtor. "Isso reduz custos com logística, hospedagem, alimentação e viabiliza a atração para o público local".

O fato de a Uptown tocar com músicos renomados, cultuados e lendários a transformou numa banda com experiência para acompanhar qualquer grande artista do Brasil e do exterior. No distanciamento desses vinte anos do cérebre show do Downtown Pub, a ousadia em criar algo novo dentro de um segmento contrário à corrente do movimento musical dos anos 1990 é algo a ser reconhecido. "Isso nos dá o currículo que é respeitado pelo mercado, público, pelos músicos e patrocinadores".

Emerson, proprietário do Móbile estúdio, onde a Uptown gravou o segundo disco, lançado em 2018

Oi Blues By Night (**facebook.com/oibluesbynight/**) Quais argumentos usar para convencer uma grande empresa de telefonia móvel a investir numa turnê com shows de Blues, Jazz e músicos renomados do Brasil e do exterior por sete cidades nordestinas, região dominada pelo forró, frevo, lambada, axé e outros ritmos populares? "Creio que a marca percebeu que é preciso transcender os elementos da cultura regional e equilibrá-los com elementos universais, sem que isso seja sinônimo de aculturação ou desmerecimento à musicalidade nativa", avalia Giovani Papaléo no alto de sua vivência como produtor.O projeto Oi Blues By Night foi apresentado para o então diretor Marcelo Barros que o encaminhou dentro dos trâmites da empresa sob o empenho do gestor Dimitri Rocha. Foi aprovado e a parceria durou dez produtivos anos entre 2002 e 2012, levando música universal para sete capitais do Nordeste: Salvador Maceió Recife, João Pessoa, Natal, Fortaleza e Teresina. "O apoio à música agrega valor à publicidade da marca", avalia Papaléo. "O respeito mútuo entre a Uptown, os artistas convidados e a repercussão positiva na imprensa deram credibilidade ao projeto. Os shows foram aulas de boa música de Blues e Jazz", resume o produtor sobre a grandiosidade do Oi Blues By Night.

Em tempo:
(**jconline.ne10.uol.com.br/canal/cultura/mu sica/noticia/2012/07/18/oi-blues-by-night-completa-uma-decada**). Neste link é possível ler a reportagem "Oi Blues By Night completa uma década", publicada no Jornal do Commercio em 18/07/2012, sobre os dez anos do projeto e o quanto repercutiu na mídia espontânea. Segundo os preceitos da Administração e do Marketing, o valor agregado à marca numa reportagem em veículo de imprensa é maior do que o anúncio pago de uma propaganda.

É fato que a cidade de Teresina com população estimada em 847.430 mil pessoas (IBGE, 2016 - cidades.ibge.gov.br) assistiu pela primeira vez, em 2007, aos shows de Andreas Kisser (**facebook.com/andreaskissercombr**) e Vasco Faé (**manoblues.com**). Em 2009, o Oi Blues By Night levou para o público piauiense que lotou o Planeta Diário Pub (**facebook.com/PlanetaDiarioPub**), na zona leste da capital, os shows do gaitista Marcelo Naves (soundcloud.com/marcelo-naves-blues) e Lancaster (linkedin.com/in/lancaster-ferreira), guitarrista e vocalista, um dos pioneiros do Blues nacional (**bluesnjazz.com.br/arquivo/entrevista**). "O projeto representou uma grande mudança de mentalidade para o Blues e o Jazz no Nordeste", acredita Papaléo, "É considerado o maior projeto itinerante de Blues do Brasil que desbravou a região levando a música para públicos que nunca teriam a chance de ver artistas deste naipe".

A frequência do Oi Blues By Night teve retorno de mídia, de imagem e financeira. Segundo Giovanni, a renovação anual para uma nova temporada era feita em contato direto com a matriz da empresa no Rio de Janeiro, mas o produtor faz uma revelação. "Não ganhei dinheiro. Reinvestia na Uptown e no projeto. Nos dois últimos anos doamos a bilheteria para instituições de caridade que cuidam de animais como a Brala (**brala.org.br**) e a UFRPE (ufrpe.br/br) que tem um Centro Veterinário de atendimento ao público". Giovanni e a esposa Adriana são defensores dos animais e cuidam de quatro simpáticos cãezinhos de pequeno porte.

CBTU Imagine-se chegando à Estação Central do Metrô, no bairro de São José, ao fim de uma tarde veloz e lotada de passageiros descendo dos vagões e seguindo cada um seu próprio cotidiano. O som ao redor é de vozes e dos autofalantes da Companhia Brasileira de Trens Urbanos informando sobre partidas e chegadas. Todo este previsível cenário está modificado pelos sons de gaita, guitarra, piston, bateria e de alguém cantando em inglês. Inglês? A rotina dos passageiros foi quebrada e eles param para ouvir Blues, ver a execução dos melhores músicos no domínio dos seus instrumentos, aplaudir e fazer parte do espetáculo. "A ousadia não tem limite", diz Papaléo com um sorriso no canto da boca e o orgulho nos olhos de mais um chute a gol.

Quem pensaria em colocar atrações internacionais para os usuários do transporte público mais barato da cidade? Acredite, o produtor Giovanni fez isso com o Projeto Oi Blues By Night. Em 2011, esta ousadia já estava no segundo ano no espaço inusitado no Recife. "O presidente da CBTU, José Marques de Lima, compreendeu a importância de levar, gratuitamente, os shows nacionais e internacionais para um público que talvez não tivesse acesso a lugares, onde os shows são pagos".

Acesse: a página da Uptown no Youtube e assista aos vídeos da banda: **youtube.com/user/uptownband**

Thomaz Lera – guitarra

Garanhuns Jazz Festival Como o fraseado da guitarra se desenvolve ao longo da música, os bons resultados das produções ganharam força à medida que o público crescia e a Uptown Blues Band mantinha sua trajetória de êxitos. Quando surgiu a oportunidade de encarar novos desafios, o produtor Giovanni acumulava experiência administrativa e musical para lidar com questões relativas à produção de grandes eventos. O convite para uma reunião agendada pelo irmão Francisco Papaléo, o levou a conversar com o então secretário de Desenvolvimento Econômico de Garanhuns, Alexandre Marinho. Havia a possibilidade de um projeto musical para a "cidade das flores do Agreste pernambucano" que abriga cerca de 140 mil habitantes (IBGE, 2016) e está localizada a 229 quilômetros do Recife. O objetivo era aquecer a economia do município durante a semana do Carnaval que durante o período da festa patinava em 15% de ocupação da rede hoteleira. Como o negócio de Giovanni é Jazz e

Blues a proposta foi colocar esses estilos nos dias da Folia de Momo. O modelo não era inédito. A pequena e elevada cidade de Guaramiranga, no Ceará, com cerca de quatro mil habitantes (IBGE, 2016) realizava algo no mesmo molde desde 1999 (jazzeblues.com.br/2017). O festival cearense teve influência de Giovanni Papaléo que havia excursionado por lá com a Uptown e Kenny Brown (allmusic.com/artist/kenny-brown). "Já tocamos em tantos lugares que perdi as contas. Somos pioneiros em várias coisas". O produtor considera a realização de um festival de Blues e Jazz no Ceará "mil vezes mais simples do que em Pernambuco", principalmente no período do Carnaval. "Em Pernambuco a cultura é riquíssima e no período momesco as pessoas só pensam em Carnaval". A explicação na visão do produtor é simples: "Guaramiranga é uma cidade pequena no alto de uma serra com vista bonita e sem Carnaval. Como o Ceará não tem a tradição de fazer Carnaval, o dinheiro 'tá solto' para projetos que movimentem a economia". Faz sentido. "Agora imagine conseguir patrocínio em Pernambuco para shows de Jazz e Blues, durante o Carnaval, numa cidade distante duzentos quilômetros da capital?".

O que sob este ponto de vista poderia soar como aventura de louco visionário alienígena, não intimidou Papaléo. Ele fez a proposta ao secretário Marinho e para Gabriela Valença, então secretária de Turismo de Garanhuns. Ambos acreditaram na ousadia. Como gestores do poder executivo perceberam o nicho da fatia do mercado. Faltava conversar com o então prefeito Luiz Carlos de Oliveira. A conversa, segundo Giovanni, foi tranquila. "O agora ex-prefeito é uma pessoa simples e é alvirrubro (Clube Náutico Capibaribe) como eu". A sinceridade do prefeito foi explícita. Apesar de apoiar a iniciativa, disse: "acho que não vai dar certo". "O mérito dele foi estar no quarto ano do primeiro mandato e mesmo assim arriscar. Se o projeto desse errado, a oposição usaria isso contra ele na campanha à reeleição".

A busca em ocupar a rede hoteleira e movimentar a economia da cidade no período do Carnaval já tinha sido tentada com outras atrações, mas não revertia a cidade vazia durante os cinco dias. A Uptown no primeiro ano da festa, em 2008, e com aporte de apenas R$ 35 mil para contratar músicos, logísticas, transporte, entre outros itens de produção conseguiu elevar a taxa de ocupação para 85%. O Garanhuns Jazz Festival além de se tornar sucesso desde o primeiro ano, conquistou o terceiro lugar do Prêmio Mestre Salustiano de melhores projetos turísticos em Pernambuco (Setur/Empetur). Em 2010, o Garanhuns Jazz festival venceria este mesmo Prêmio (**garanhuns.bluenet.com.br/home/vernoticiagaranhuns**) entre os melhores trabalhos que fomentam o turismo nos municípios do Estado de Pernambuco. "O segundo e o terceiro lugar ficou para o Carnaval de Recife e o de Olinda" diz o produtor, sem esconder a ironia. Sobre o primeiro show do Garanhuns Jazz Festival, o baterista revela com a visão privilegiada por detrás das baquetas: "Foi uma das maiores emoções na carreira ver a Praça Guadalajara (atual Praça Mestre Dominguinhos) lotada". O projeto durou até o final do primeiro mandato do prefeito reeleito em 2016.

Em tempo: A revista Blues'n Jazz classificou o Garanhuns Jazz entre os cinco melhores festivais do gênero no Brasil.

Zezinho desconhecido

Prefeitura pode ser um órgão público complicado. Tudo o que envolve política e burocracia, idem. A mudança do gestor anterior para o prefeito seguinte, em 2012, a princípio não interferiu na continuidade do projeto exitoso. "Não se mexe em time que ganha", alfineta o alvirrubro Giovanni. De acordo com ele, houve sinalização não apenas para continuar o evento anual, como para aumentar o tamanho do festival. "Este pode ter sido o motivo para acabar. O sucesso causa inveja nas pessoas", afirma enigmático.

Papaléo ainda produziu o Garanhuns Jazz na nova gestão entre 2013 e 2015. Todas as edições com sucesso de público, mas o produtor encontrava resistência em setores da prefeitura em gestos, palavras e sutilezas de hipopótamos numa loja de cristais. Desde o início, o festival foi concebido para ser executado como turismo de negócio, ou seja, voltado para atrair público externo para a cidade e assim beneficiar todos os setores. "Festival de Jazz impulsiona o setor turístico em qualquer lugar do mundo, sem exceção", garante Giovanni; e deixa escapar o que ouviu dentro do poder executivo municipal. "Que eu levava muito 'zezinho' desconhecido para se apresentar em Garanhuns". O produtor não se indignou pelo substantivo nome próprio ser usado como adjetivo depreciativo, mas pela injustiça que isso representava para os grandes nomes da música nacional e do exterior no segmento mais cultuado no mundo. "Realmente, meus convidados não são músicos populares, nem massificados, mas atraem um público de alto nível intelectual, social e, principalmente, com poder de consumo". Talvez o fator cultural de alguns com o poder de influenciar em prefeituras não conheça a frase "pense global, aja local" (ideiademarketing.com.br/2013/07/17/pense-global-aja-local). "A proposta sempre foi levar música de qualidade e isso deu certo pelos oito anos que durou o Garanhuns Jazz Festival. Os números na economia do município comprovam".

Outra razão que Giovanni atribui à ruptura do festival pode estar relacionada ao público "de fora" do município. Não podemos esquecer que 2016 foi ano de eleições municipais. Apesar da ocupação de 95% da rede hoteleira na "cidade das flores", como Garanhuns é conhecida, o público em sua maioria era formado por gente do Recife, municípios vizinhos e outros estados, não da população local. "Turista não dá voto", alfineta o produtor; e alerta: "A economia, o comércio, os serviços e as pessoas locais se beneficiavam desse turismo. O intercâmbio com a sociedade local é mais importante do que o pensamento provinciano".

É a crise, companheiro

A história contada é que houve questionamento sobre o custo-benefício e as dificuldades em relação a dinheiro, onde a palavra "crise" foi sendo usada sem cerimônia. Claro que após oito anos de sucesso, o aporte de recursos já era maior que os R$ 35 mil iniciais. Segundo reportagem do Diário de Pernambuco, de 18/12/2015, **(diariodepernambuco.com.br/app/noticia/viver/201 5/12/18/internas_viver,617221/garanhuns-jazz-festival-e-cancelado-pela-prefeitura-de-garanhuns)** o último repasse da Prefeitura de Garanhuns, em parceria com Governo do Estado/Sectur/Empetur, foi de R$ 553 mil. "Com a crise econômica... tínhamos que abrir mão de um dos grandes eventos... o resultado do levantamento nos trouxe que o Jazz era o que tinha o maior custo/benefício. Ele foi suspenso, mas deve ser retomado em 2017", foi a declaração oficial da Secretaria de Turismo do município.

"Se alguém tivesse proposto reduzir o investimento para manter o Garanhuns Jazz, o projeto seria readequado à nova realidade econômica", rebate Giovanni. "Eu recebi a comunicação da Secretaria de Turismo, não mais do prefeito. Perdemos a interlocução direta". O encerramento do Garanhuns Jazz Festival repercutiu mal para o município. "Houve chiadeira de público e de mídia". Basta uma rápida leitura nos jornais daquele mês de dezembro para comprovar. Houve também promessas de retorno. "Disseram que voltaria, mas nunca houve este convite", garante Papaléo. Segundo ele, houve comoção na cidade. A página no Facebook "Queremos o Garanhuns Jazz Festival" foi criada por alguns inconformados com o cancelamento e entusiastas do evento anual. O objetivo era protestar contra a decisão e arregimentar esforços em torno de um novo lugar para as apresentações. Para o produtor, o maior contratempo foi avisá-lo faltando apenas quarenta dias de antecedência do Carnaval. Ou seja, havia músicos convidados e comprometidos com esta agenda, hotéis reservados, toda uma produção envolvida. "O aviso deveria vir pelo menos três meses antes", lamenta o produtor, confirmando o transtorno.

Emerson, Giovanni, Adriana, Ed, Daniel, Thomaz. Momento de descontração antes de mais um show da Uptown

Gravatá Jazz Festival
(facebook.com/gravatajazzfestival/) Nada
acontece por acaso. O mundo é um moinho, diz
Cartola em seu melancólico samba-canção.
Quando algo não dá certo, a fila anda; e quem
fica parado é poste. A orfandade do projeto em
Garanhuns abriu portas, porteiras e janelas
para levar o Blues e o Jazz para outras planícies
do agreste pernambucano. Gravatá, município
com clima agradável e montanhas que o
cercam, foi o destino da Uptown no Carnaval
2016. "Como o festival tinha visibilidade houve
articulações do Secretário Estadual de Turismo,
Felipe Carreras, que viabilizou apoio da
iniciativa privada, porque o município estava
sob a intervenção estadual, com o prefeito
afastado e sem poder investir em shows".
Giovanni, o irmão Francisco e o produtor
cultural da Fliporto, Eduardo Cortes, se
reuniram com o interventor do município,
Coronel Mário Cavalcanti; a secretária de
Turismo, Daniela Alecrim; e o secretário de
Imprensa, Artur Cunha, faltando apenas vinte e

cinco dias para o Carnaval. A semente tinha sido plantada um ano antes durante show da Uptown nos trinta anos do Hotel Fazenda Portal de Gravatá (**portaldegravata.com.br**). Naquela noite, o proprietário Eduardo Cavalcanti sugeriu que a Uptown fizesse show no final de semana seguinte ao Carnaval de Garanhuns, algo como um "festival da ressaca". Seria no Portal, aberto ao público e com bilheteria. Giovanni acatou a sugestão e respondeu algo profético: "Nós vamos fazer algo grande aqui na cidade".

Apesar de todas as dificuldades e com o jogo batendo na trave aos quarenta e cinco do segundo tempo no Estádio dos Aflitos, a primeira versão do Gravatá Jazz Festival ocorreu entre os dias 6 e 9 de fevereiro de 2016. "Eduardo Cavalcanti viabilizou apoios fundamentais de alimentação, infraestrutura e hospedagem. Eduardo Cortes participou de toda a organização do Gravatá Jazz, assim como o Coronel Mário e a secretária Daniela Alecrim", Giovanni faz questão de reconhecer o empenho de quem atuou para viabilizar o evento.

Como em tudo na vida, há sempre pontos de vistas favoráveis ao que parece o impossível. A menor distância de Gravatá da capital em relação a Garanhuns é um desses fatores. São 84 quilômetros contra os duzentos para Garanhuns. Isto reduz custos de logística e facilita o deslocamento bate-volta que dura apenas uma hora de carro pela BR-232. A cidade também abriga diversos imóveis de pessoas do Recife. Na visão do produtor, esses fatores contribuíram e contribuem para o sucesso do Gravatá Jazz. A mídia espontânea abriu espaço para comentar e divulgar a mudança. "Vai ter Garanhuns Jazz em 2016. Não em Garanhuns, mas com os mesmos organizadores e curadores. Menos de uma semana após ter o cancelamento divulgado, a maratona musical que há oito anos ocupava o calendário do Carnaval de Garanhuns será em Gravatá, entre 6 e 9 de fevereiro", publicou o Viver, caderno de cultura do Diário de Pernambuco, em 23/12/2015. Contra todos os prognósticos de tempo e dificuldade financeira, a programação do primeiro ano do Gravatá Jazz Festival bombou com atrações nacionais, internacionais e locais. O site do G1, da Rede Globo, publicou a programação em 26/01/2016: "Jards Macalé, Victor Biglione, Wanda Sá, Roberto Menescal e Toni Tornado; Tico Santa Cruz e Renato Rocha (Detonautas) e Rodrigo Santos e Gutto Goffi (Barão Vermelho), em um tributo ao repertório Blues de Cazuza; além de Jefferson Gonçalves, Flávio Guimarães (Blues Etílicos), Igor Prado, Vasco Faé e Derico (Programa do Jô). Entre os nomes internacionais estão: o trompetista nova-iorquino Mark Rapp, a cantora de Blues inglesa Bex Marshall, a cantora de Blues e Soul africana Koko Jean Davis e do organista austríaco Raphael Wressnig". "Entre os artistas pernambucanos, a Uptown Blues Band, a veterana Contrabanda; dos guitarristas Luciano Magno (que tem como convidado Roberto Menescal, um dos criadores da bossa nova, e Sabrina Parlatore) e Wallace Seixas; da banda

Allycats, do grupo Mr. Trio e do Dom Angelo Jazz Combo que dividirá o palco com Mark Rapp. De Gravatá, foram convidados os artistas Maurício Meneses, Guitasan Duo, Trimúrti e Hito Pereira. De **Garanhuns**, participarão a Street Jazz Band, Valvulados e Herick Faustino. Os shows acontecerão de 6 a 9 de fevereiro, no Pátio de Eventos Chucre Mussa Zarzar e no Parque da Cidade. O acesso é gratuito". "A imprensa local e nacional sempre foi parceira da Uptown", admite Giovani Papaléo. "Só tenho a agradecer o espaço, mas sei que é a música e o trabalho sério, honesto, que fazemos é responsável por este apoio". Em 2017, o evento continuou forte e aconteceu entre os dias 25 a 28 de fevereiro com ampla divulgação na imprensa pernambucana e a participação de diversos atores da sociedade apoiando o festival. O vereador Jayme Asfora concedeu "Voto de Aplauso", na Câmara Municipal do Recife, para a Uptown Blues Band pelos seus dezenove anos de existência (REQUERIMENTO Nº 4650/2016).

O Governo do Estado/Sectur/Empetur participou junto com o município. O prefeito eleito de Gravatá, Joaquim Neto, ao assumir não apenas realizou o festival, como o incluiu no Calendário Oficial de Eventos. O Jornal do Commercio publicou em 15/02/2017, na versão on line (NE 10), reportagem com a programação completa e o time dos novos "zezinhos desconhecidos". Gente do calibre de Léo Gandelman, que ninguém "nunca ouviu falar" desde os anos oitenta e com programa musical na TV a cabo; Adriano Grinemberg (**adrianogrineberg.com.br**), o angolano Nuno Mindelis (nunomindelis.com.br/v2) e a americana Anikka Chambers (**annikachambers.com**).

"A música não tem fronteiras nem rótulos.
A cultura popular de Pernambuco acaba
diminuída pela maneira paternalista como é
apoiada. Eu não uso a cultura de Pernambuco
como emprego. Para mim é paixão a ser
oxigenada para conviver com outras
influências".

Jazz Porto (facebook.com/jazzportopernambuco)

Então é aquele negócio: uma-coisa-puxa-outra. Essa expressão é bem usada em Pernambuco, estado cheio de tronchuras, disse-que-me-disse e cabras avexados da gota serena. Deve ser por isso que o Blues, "patinho feio" da música que se repete em doze renitentes compassos, segue insistente em sua falsa simplicidade. E não é que os locais bacanas de Pernambuco, ao longo dos vinte anos de carreira da Uptown, abriram espaço para os "zezinhos" que ninguém conhece? A internacionalmente famosa praia de Porto de Galinhas, no litoral sul de Pernambuco, recebeu em 2007 a primeira versão do "Jazz Porto – Circuito de Jazz e Blues de Porto de Galinhas" e se mantém viva e com saúde, obrigado. "Não é pouca coisa", afirma o produtor cultural Eduardo Cortes, xerife da praia que lhe pertence. "Sem ele não faríamos o evento em Porto de Galinhas", garante Giovanni Papaléo. Para situar o leitor, Eduardo Cortes é o criador da marca e do evento Fliporto

(facebook.com/Fliporto), festival literário que começou pequeno, tomou proporções gigantescas em Porto de Galinhas e depois na cidade histórica de Olinda. "Este é meu legado", comenta com orgulho Eduardo Cortes.

Em 2007, o Jazz Porto teve a ousadia de levar o baterista Andy Potter, o gaitista carioca Jefferson Gonçalves, o jazz rapper norte americano Mr. E, além da Uptown Blues Band e a Jazz Blues Band, do tecladista e band leader Euclides Dourado Neto, que tem outro grupo chamado "Esquinas do Blues". Como todo evento em seu primeiro ano de nascimento, o Jazz Porto aconteceu modesto nas dependências dos restaurantes Itaoca, Munganga e Capitão dos Mares e nas ruas da vila. "O objetivo foi movimentar a noite da praia e criar um circuito gastronômico com boa música", explica Eduardo Cortes.

Em 2009, o Jazz Porto continuou a trajetória ascendente com apresentação do guitarrista norte-americano Stanley Jordan (**stanleyjordan.com/en-us**), o trompetista Fábio Costa (**facebook.com/fabio.costa**), o cantor e gaitista Flávio Guimarães, o guitarrista argentino Danny Vicent (**armazenbar.com.br/bandas**) com a presença especial do guitarrista Big Joe Manfra (**pt.wikipedia.org/wiki/Big_Joe_Manfra**). Dez anos depois, muitas ondas rolaram nas praias de Porto de Galinhas, mas o Jazz Porto - Circuito de Jazz e Blues continua firme no balneário mais famoso de Pernambuco. O evento musical cultural que inclui Circuito Gastronômico com pratos em homenagem aos grandes nomes do Blues e do Jazz está no calendário oficial do município do Ipojuca. Em 2016, mais atrações inéditas como a reunião de três gaitistas da pesada: Jefferson Gonçalves (RJ), Mauro Santoli (BA) e Jeovah da gaita (PE) (**quadro-magico.blogspot.com.br/2011/03/jehovah-leva-vida-na-gaita**), além do saxofonista Derico

(**derico.com.br**) e, claro, a Uptown Blues Band e a Jazz Blues Band.

Rio Mar Jazz Festival (riomarrecife.com.br)

Chegamos em 2017 e a Uptown Blues Band segue firme na quarta edição do Rio Mar Jazz Fest, no Shopping RioMar, na zona sul do Recife. O evento gratuito acontece no mês de abril, quando se celebra o Dia Mundial do Jazz, comemorado em 30/4, quinto e dia último de programação. Os shows são realizados nas instalações internas do shopping e foi mais um tiro certeiro do produtor Giovanni Papaléo. De acordo com ele, o convite partiu da gerente de Marketing, Denielly Halinski, e desde então a parceria deu tão certo que o evento só aumenta em público e atrações. "À medida que as pessoas se acostumam com o calendário, a tendência é a consolidação e a fidelização", ensina o produtor no alto de sua vasta experiência.

As primeiras edições foram realizadas na Praça de Eventos, no térreo. Agora, os shows ocorrem na Praça de Alimentação, no Piso L3, onde ficam restaurantes e lanchonetes. As pessoas lotam a Praça para assistir, se divertir, comer e beber com conforto. "O público do shopping é incrível. Acaba tudo em festa, dançando. É uma alegria, uma festa familiar. Ótima para o Blues e o Jazz para um público diversificado", argumenta Papaléo.

Quando pensamos em nichos de mercado, como falamos no início deste livro, percebemos que o radar do produtor Giovanni continua girando fora dos modelos constituídos. No Shopping RioMar, o público é atraído pela música e pela estrutura do estabelecimento com ar refrigerado, segurança, comodidade, estacionamento, alimentação e bebida. "As pessoas assistem em pé dançando ou sentadas, consumindo ou não. É democrático e adequado para quem gosta de boa música".

Nos quatro anos que dura o projeto, apresentaram-se no palco do RioMar Jazz Festival nomes nacionais como Taryn (taryn.com.br), considerada a melhor cantora de Blues do Brasil e é a voz na gravação em português da música Let it Go, da animação Frozen. O público que lota os shows já dançou ao som do saxofone de George Israel, ex-Kid Abelha (**georgeisrael.com.br**), e se encantou com a força e delicadeza da voz de Nathalie Alvim (**facebook.com/NathalieAlvimOficial**), revelada no The Voice (**gshow.globo.com/realities/the-voice-brasil**). O RioMar Jazz também recebeu atrações internacionais como o inglês Neil Arnold (facebook.com/NeilArnoldSlidenRoll), especialista no slide que remete ao Blues dos anos 1930/1940, entre outras. A Uptown Blues Band, claro, está sempre presente na festa.

O

Produtor Jackson Rocha Junior tirando um som no baixo com a Uptown

Do Capibaribe ao Mississipi

Nas duas décadas de existência, em meio a produções, convidados, cancelamentos, conquistas, decepções, surpresas, alegrias, tristezas e todos os demais sentimentos que caibam nos acordes do Blues, não é que a Uptown encontrou tempo para gravar um disco? Pois é. O primeiro de uma banda de Blues no Recife com gravações autorais mescladas com as de outros artistas. Em 2007, a banda lançou o Compact Disc "Do Capibaribe ao Mississipi" com três mil cópias que se esgotaram e hoje, infelizmente, não está mais à venda.

Mas Giovanni é satisfeito com o resultado. "É um disco instrumental e temporal de um momento importante da banda". O CD serviu como cartão de apresentação na Livraria Cultura, do Shopping Paço Alfândega, no bairro do Recife Antigo, e foi o mais vendido entre os similares dos Blues nacional. "Por dois anos, a Uptown manteve uma agenda de shows mensais aos domingos no auditório da livraria. Isso estimulava a venda", conta Papaléo.

A versão on line da revista Blues'n Jazz (**facebook.com/bluesnjazz**), do editor Helton Ribeiro, publicou reportagem sobre o CD, onde faz avaliações interessantes sobre o primeiro disco da Uptown: "Por ser instrumental, o que poderia dar margem a uma sucessão interminável de solos, acaba sendo uma coleção de canções com forte acento melódico e rítmico. O grupo também busca na rica musicalidade pernambucana uma linguagem própria. O clássico frevo Vassourinhas e Frevo blues são as primeiras gravações a fundir os dois ritmos, encontrando uma identidade surpreendente entre eles. Asa branca também entrou na dança, com direito à sanfona e o triângulo ao lado da guitarra slide. E Chameleon, de Herbie Hancock, virou um jazz-xote. Mais tradicional, a faixa Estação Werneck tem levada matadora na introdução. O Funk Praça do Trabalho recebeu arranjo de metais intrincado, enquanto uma flauta adorna a versão jazzística de Mercy street (Peter Gabriel). Para quem gosta de gaita, o CD é prato cheio. Em Downtown blues, o carioca Jefferson Gonçalves e os paulistas Robson Fernandes e Big Chico fazem a festa. Jefferson toca em várias faixas. Outros convidados ilustres são Rodrigo Santos (baixista do Barão Vermelho), Cezar Michiles (flautista de Naná Vasconcelos) e o saxofonista Edson Rodrigues".

O jornalista Marcelo Pereira, editor do Caderno C, do Jornal do Commercio (Recife), faz a apresentação na contra capa do CD. Em um trecho final, ele avalia com precisão cirúrgica a importância do trabalho da banda: "Uptown é uma referência. Surpreende com um disco no qual reverencia, sim, os grandes mestres que iluminaram a travessia e revela seu trabalho autoral, onde afloram com originalidade as influências da música nordestina".

Uptown 20 anos

Fazer o primeiro CD foi bom, mas o segundo vai ser melhor. A Uptown investe na criação de um novo trabalho gravado em estúdio ao longo de 2017. As gravações acontecem no Móbile Estúdio (**facebook.com/mobilestudiorecife**) do baixista Émerson Andrade e se desenvolve no ano em que a banda completa vinte anos de carreira. A Uptown agora está coesa, madura, enxuta e formada por um quarteto fixo que recebe convidados em shows, gravações e Jam sessions. Segundo Papaléo, a atual formação se firmou ao longo dos últimos oito anos e hoje o núcleo é formado por Adriana Papaléo (voz) (**facebook.com/adripapaleo2**), Emerson Andrade (baixo) (**facebook.com/easbass**), Giovanni Papaleo (bateria) (**facebook.com/uptownbluesband**), Thomaz Lera (guitarra) (**facebook.com/thomazlera**). "O Móbile é a nossa segunda casa, onde nos sentimos à vontade para ensaios e gravar o disco".

Diferente do primeiro, que foi instrumental, este terá letras em todas as dez faixas, sendo nove músicas em português e uma em inglês. Três são de autoria de Thomaz Lera e sete da dupla Giovani e Adriana Papaléo. O tecladista Ed "Prodígio" Staudinger (facebook.com/ed.staudinger) e o guitarrista Daniel "Daniboy" Diniz (deskgram.org/daniboyblues) são parceiros eternos da banda. Eles tocam com Giovanni e estão sempre juntos no palco. "Fazem parte da família Uptown há dezesseis anos", ratifica Papaléo.

Em tempo O 2o disco **Uptown blues band & friends** ficou pronto em 2018, após um ano e sete meses de ensaios e gravações em paralelo a centenas de shows. O disco reúne quarenta nomes nacionais e internacionais de músicos parceiros que atuam ou atuaram em shows da banda. O CD foi produzido por Giovanni e o baixista Emerson Andrade e tem doze faixas, sendo seis delas assinada pelo band leader (uma em parceria com Charles Teone), mais três do guitarrista Thomas Lera. As demais são releituras de clássicos de Willie Dixon e duas de Robert Johnson. É possível ouvir o disco nas plataformas digitais e comprar o CD nos shows da Uptown.

Adriana, the voice of Uptown band

The authentic voice of Blues Esta formação atual em quarteto faz com que o entrosamento entre os músicos esteja melhor e harmonioso. Problemas do passado com egos? Quem nunca? Mas Giovanni olha para frente e se diz satisfeito por encontrar a voz da Uptown. "Sempre tivemos problemas com vocalistas", comenta, sem entrar em detalhes. "A banda se estabilizou na formação e ganhou personalidade quando Adriana assumiu o vocal". O maridão conta que a esposa tem o canto intuitivo. "Ela não cantava, mas tem a voz contralto lapidada ouvindo Blues". "Ele me ensinou tudo. O que sei aprendi com ele: a ouvir as bases, os instrumentos e como cantar Blues e Jazz". A companheira faz questão de dar crédito ao parceiro de palco e de vida. Vocalista da Uptown há treze anos, Adriana começou do zero, aprendeu a cantar nos ensaios e no palco com a Uptown. "Ela é a voz autêntica do Blues", garante Papaléo. À época, houve alguma resistência entre os músicos. "As pessoas querem as coisas prontas", ele comenta. Giovanni bancou Adriana e hoje ela é a voz à frente do palco. Então o que temos para o futuro nesta estrada de grooves e shuffles? "Manter a Uptown em atividade, trabalhar a divulgação do segundo disco e difundir o Blues que está em entresafra", afirma o band leader.

ROBERT
JOHNSON
THE
COMPLETE
RECORDINGS
Disc One

Robert Johnson (robertjohnsonbluesfoundation.org)

Poderíamos chegar ao fim de um livro sobre a história de uma banda de Blues e Jazz sem falar de Robert Johnson? Seria uma ofensa; e Johnson não é homem que se deva ofender. O cara é tão importante para a música americana que sua influência vai além do Blues. "Tudo o que você vê no Rock, vem do Blues de Robert Johnson", afirma Giovani Papaléo, fã confesso como não poderia deixar de ser. Ele não está sozinho. O acompanham nessa avaliação Jimmy Page, Eric Clapton e Keith Richards só para ficarmos no patamar dos Rock stars.

Robert Leroy Johnson nasceu de uma família de lavradores em Hazlehurst, no Mississipi, num tempo em que a região foi marcada por graves conflitos raciais (que deveriam ter acabado para todo sempre). Ali foi também o berço do Blues norte-americano. A carreira como músico profissional do "Rei do Delta Blues Singers", como Johnson ficou conhecido, durou apenas dois anos, entre 1936 e 1938.

Ele passou este período tocando em prostíbulos e bares de baixa popularidade e gravou seu único disco aos vinte e nove anos para a American Record Corporation sem obter reconhecimento comercial em vida. A data do nascimento de Robert Johnson é tão imprecisa, entre 1910 e 1912, como a data de sua morte que se supõe em 16 de agosto de 1938. A causa teria sido a ingestão de uísque envenenado com estricnina, supostamente preparado pelo marido ciumento de uma de suas amantes.

Há diversas e divertidas lendas sobre Robert Johnson. A mais famosa é a de que Johnson teria vendido a alma ao demônio para obter talento e habilidade. Acredita-se que ele ficou a espera na encruzilhada das rodovias 49 e 61, no Mississipi, com o violão. À meia-noite, o diabo em forma de homem apareceu para afinar o instrumento. A partir dali todos que ouvem suas músicas são encantados por ela.

No supersticioso sul dos EUA do início do século, mitos demoníacos eram comuns e o tema fez parte da tradição do Blues. Músicas de Johnson como "Me and the Devil Blues", "Hellhound on my Trail" e "Crossroad Blues" aumentaram a crença na história pela alusão ao diabo. O fato de Johnson tocar de costas para o público alimentava a lenda. A história foi difundida principalmente por Son House, influente cantor e guitarrista de Blues norte-americano. "O grande mérito não é a lenda, claro", avalia Giovani. "Até a gravação desse disco, o Blues era solto, com várias estruturas sem uma personalidade. Johnson juntou tudo e unificou a estrutura nos doze compassos, em várias vertentes sonoras e, definiu o estilo como ele é hoje. É o pai do blues". Para encerrar as lendas sobre Robert Johnson, uma das melhores é a coincidência da idade em que, supostamente, ele morreu caso tenha vivido entre 1911 e 1938. A morte aos 27 anos o remete à semelhança de ídolos do Rock como Kurt Cobain, Janis Joplin, Jimi Hendrix, Jim

Morrison, Brian Jones, Sharon Tate (atriz), entre outros de uma longa lista. Como a Ciência não dá palpite em lendas do Rock e do Blues, a Numerologia criou a sua própria para o cabalístico 27 anos:

"É a transição de mais um estágio. Marca a passagem em nossas vidas, o amadurecimento da alma. Nesta época é comum o casamento, as mudanças profissionais e para alguns até a morte física. Ter 27 anos quer dizer que a pessoa entra em um terceiro período e o número "3" está relacionado com o divino, ou seja, o encontro com Deus".

Thomaz e Adriana in concert

Viradas, tempo, ritmo, shuffle. Giovanni sabe como fazer. Tem estrada.

Giovanni e Adriana, parceiros na vida e na música

DEPOIMENTOS

Só sei que foi assim...

Sou padrinho da Uptown Blues Band. Tenho ligação direta há 20 anos, desde a primeira formação com show de estreia no Downtown Pub. A proposta da casa era pop rock, mas eu achava que tinha espaço para o Blues. Não tinha bandas na cidade e procurei saber quem tinha banda para me indicar. Foi um amigo que disse: "procura Giovanni Papaléo, ele gosta de blues e pode te ajudar". Procurei-o. O primeiro contato foi num bar do Pina: "Giovanni, eu sou Tito, do Downtown Pub, uma casa de shows de pop rock, mas acho que tem espaço pro Blues. Você tem alguma indicação?". "Para quando?". "No mês que vem". "Então me dê um mês que eu vou montar uma banda". Foi assim que começou a Uptown, a partir de um pedido para show, mas não para que montasse uma banda. Era só indicação e produção talvez, mas ele resolveu montar uma banda. E está aí o resultado em vinte anos de sucesso.

Eu digo para ele que a Uptown é a maior banda de Blues do norte nordeste, se não for umas das principais bandas de blues do Brasil.. Não só a Uptown, mas o próprio Giovanni representa o Blues da cidade. É um cara que fomenta a cena. Depois da formação da Uptown, a cena do blues deu uma alavancada. Surgiram vários eventos e outros festivais como o Oi Blues By Nigth e no Downtown Píer a parceria se prolonga. Há vinte anos Giovani é parceiro. Quando a Uptown toca é certeza de casa cheia e público qualificado. Hoje a Uptown se apresenta no Downtown Píer pela proposta da casa e do público de Blues que é mais exigente, gosta de conforto, serviço melhor. O público do Pub é mais informal. Agora, Uptown está novo projeto de pegar clássicos do rock e fazer a releitura com pegada blues. O público adora. Estou bastante orgulhoso, porque neste repertório de releituras, boa parte foram músicas que eu sugeri. Para quem gosta de música de qualidade, não pode deixar de assistir à Uptown.

A importância da Uptown é a do produtor Giovanni Papaléo que representa a banda, que corre atrás dos eventos, de novos projetos. Quantos eu poderia falar? Jazz Porto, Fliporto, Garanhuns Jazz, Gravatá Jazz. Um dos eventos que fiz com ele e considero mais prazeroso foi o Recife Blues Jazz Festival, na Praça do Arsenal, no Recife Antigo. Foram dois dias com bandas de São Paulo, EUA e de Pernambuco. Nós dois em parceria, porque a Uptown e Giovanni Papaléo viraram grife. Quando se fala em música bacana, Blues e Jazz, e para quem quer fazer algo diferenciado procura por ele, porque sabe que vai ter qualidade. A Uptown é a banda que tenho um carinho especial e orgulho de dizer que sou parte de sua criação, formação e amadurecimento. Giovanni sabe que enquanto eu tiver o Downtown Pub e o Píer, terá um lugarzinho para ele.

Tito Lívio – empresário sócio proprietário do Downtown Pier / Downtown Pub

Uptown tem lugar no Blues Nacional A Uptown Blues Band é criação, concepção e realização do meu grande amigo Giovanni Papaléo. É impossível dissociar ambos, pois a banda reflete as características dele. Giovanni é um cara culto, conectado e relacionado com grandes ícones do Jazz e do Blues mundial como Airto Moreira, Billy Cobham, Rod Morgenstein, Trilok Gortu, Manu Katché, entre outras feras. Conseguiu proporcionar a vinda desses que citei ao Brasil, a Pernambuco, ao Nordeste em turnês memoráveis. Com isso mostrou o quanto leva a sério a qualidade quando o assunto é cultura e música. Nossa amizade começou em um evento que fiz em São Paulo para a Zildjian, minha patrocinadora de pratos. Ao final da apresentação Giovanni veio falar comigo, com respeito e carinho. Depois nos encontramos com frequência em shows ou até mesmo quando me convida para dar canja na Uptown, o que faço com o respeito mútuo que temos, pois estou ocupando a cadeira do "criador" de toda essa história. O lado pioneiro e a forma de manter acesa a chama do Blues no Nordeste como uma das mais atuantes do Nordeste faz da Uptown merecedora de lugar na história do Blues nacional. Vida longa. Grande abraço

Cláudio Infante - baterista

Quando Mud Morganfield chorou Falar sobre a Uptown Blues Band é falar sobre o trabalho pioneiro do baterista, produtor e compositor Giovanni Papaléo à frente da Uptown Blues Band. Ao longo de 20 anos de existência, a Uptown ganhou vasta experiência nos diferentes estilos de Blues e Soul ao acompanhar alguns dos maiores nomes do gênero no Brasil e no exterior. Tudo devido às iniciativas de Giovanni que cria e realiza eventos e festivais de forma constante, mantendo a qualidade e o profissionalismo em todos os aspectos; promovendo encontros memoráveis de artistas que, muitas vezes, nem se conheciam ou haviam tocado juntos. Eu considero Giovanni Papaléo como um dos maiores difusores da música de qualidade no Brasil. A minha carreira se mistura à história de Giovanni e da Uptown. Desde 1999 lanço os meus CD's no Recife ou em eventos promovidos por ele. Sempre ao lado do meu grande amigo e parceiro musical e junto à sua banda onde conheci músicos que se tornaram amigos. Passei momentos memoráveis da minha carreira no Recife e em Garanhuns.

Só para citar um dos pontos altos dos quais me emociono lembrar: quando Giovanni me apresentou a Mud Morganfield em um restaurante no bairro de Boa Viagem. O filho mais velho de Muddy Waters nos contou, durante o jantar, que passou dificuldades financeiras e materiais quando era criança e se permitiu às lágrimas. Imagine a minha emoção. Eu presenciei a história do Blues na minha frente! Outro grande momento: em um show com a Uptown e Flávio Naves, o Deacon Jones arrancou a camisa ao cantar I'm a Man - parte da letra da música Mannish Boy que ele adorava. Além da aula de bateria de como tocar Slow Blues, no Garanhus Jazz, em 2015, dando vida à minha música Late night blues.

Sou grato a Giovanni, Adriana, Thomaz, Ed e tantos outros ótimos músicos que integraram a Uptown Blues Band ao longo dos anos e que se tornaram grandes amigos. Parabéns por construir uma história tão inspiradora!

Lancaster Ferreira - guitarrista

Endiabrado Giovanni

Você pensa em Blues, Jazz e derivados em Pernambuco. O que vem à cabeça? Uptown Blues Band, a banda do endiabrado Giovanni Papaléo. Baterista, produtor, promotor de festivais, gente boa, bom músico (assim como todos os demais do seu grupo seleto), profissional, perseverante e importante entidade na defesa da boa música do Brasil. Você pensa em zil anos (30 anos?) de atividades de Blues no Recife, em cima do palco (ou por trás da realização dos eventos) de Garanhuns, Gravatá, Porto de Galinhas, etc? Uptown Blues Band e Giovanni Papaléo estão lá. Top of Mind? Refri, Coca-cola, creme dental, Colgate. Blues no Recife? Uptown Blues Band.

Abraxx,

Nuno Mindelis - guitarrista

Seriously and fun. This is Giovanni

My name is Mark Rapp. I am an International jazz trumpeter, recording, and touring artist. I've been very fortunate to play with some of the best musicians and bands around the world. Playing with the Uptown Blues Band has been one of my more enjoyable musical experiences and adventures. They are not only playing the blues with authenticity, but with originality. They take the music seriously, but have a lot of fun. They are soulful, entertaining, accomplished musicians, as well as, very kind, generous and wonderful human beings. The Uptown Blues Band is the real deal!

Mark Rapp – Trumpeter

If you want the real Blues, They are it!!

Hello Everyone. Mud Morganfield here. I have had the Honor of playing with the Uptown Blues Band on More're then one occasion. If you want the real Blues, They are it!! Mud Morganfield

Mud Morganfield – Cantor americano. Filho mais velho de Muddy Waters, o pai do Chicago Blues.

Um parceiro buonna gente Com toda diversidade musical de Pernambuco, ele foi escolher o blues como sua grande paixão e, hoje em dia, pode-se dizer é o maior incentivador local do gênero que ganhou mundo a partir do Mississipi, no Sul dos Estados Unidos. Esse é Giovanni Marino Papaléo Filho. Engenheiro, baterista, fundador da Uptown Band e produtor dos mais importantes festivais de blues e jazz do País, não necessariamente nesta ordem. Papaléo traz a intensidade do sangue italiano para a música, trabalho e amizades. É difícil não se contagiar pelo entusiasmo e conhecimento com que fala sobre esses ritmos. Nosso primeiro contato foi no final da década de 90 quando eu era assessor de imprensa da Fundação do Patrimônio Histórico e Artístico de Pernambuco – Fundarpe, responsável pelo Festival de Inverno de Garanhuns - FIG. Alguns anos depois, eu já no meu escritório de assessoria, ele chama para participar de projeto que começava a ganhar espaço na cena nacional, o Oi Blues by Night. Iniciamos aí, na segunda metade da década de 2000, a parceria que dura até hoje. E é assim que nós chamamos: Parceria. Com Papaléo não há como não se tornar parceiro e não passar a defender cada artista e apresentação de seus projetos. Impressionante a rede de contatos de Giovanni. E os artistas não demoravam a entrar na parceria. Estava pra nascer o projeto mais ousado: Garanhuns Jazz Festival na terra do Frevo e Maracatu em pleno Carnaval. A aposta de Papaléo deu certo. Havia espaço no Carnaval multicultural de Pernambuco para o jazz e o blues. Logo na primeira edição, em 2013, foi sucesso de público e de crítica. Hotéis lotaram. A imprensa deu destaque, mas nunca foi fácil. Concorrer com Galo da Madrugada e as ladeiras de Olinda não é moleza. As atrações tinham que ser de primeiro time para conseguir espaço na mídia espontânea. O Gravatá Jazz & Blues Festival, de 2017, em sua segunda edição foi notícia em jornais de todo o País. Temos que dar crédito ao apoio da imprensa local e nacional aos eventos produzidos por Giovanni Papaléo. Jornalistas como Marcelo Pereira, editor do Caderno C; e crítico musical José Teles, também do JC. Esteve presente em todas as edições do Garanhuns Jazz e, na sequencia, do Gravatá Jazz. Muitos outros nomes da imprensa de Pernambuco e de outros estados merecem ser lembrados. É sempre um perigo citar nomes pelo risco de esquecer alguém, mas vamos lá: Marcos Toledo, Tatiana Meira, André Dib, Ivana Moura, João Alberto, Roberta Jungmann, Mirella Martins, Wagner Gil, Paulo Rebelo, Jô Mazarollo, Italo Rocha, Rafael Pimenta, Carol Guibo, Jacqueline Menezes, Eliane Macedo, Anna Katia Cavalvanti. Tivemos parceiros também como André Cananéa, de João Pessoa, e Yuno Silva, de Natal. Sem falar na imprensa local de Garanhuns e de Gravatá. Esses foram alguns dos que perceberam o potencial do blues e jazz em Pernambuco. Muitos estiveram desde os primeiros momentos. Giovanni e a boa música aglutinaram toda a

imprensa, os artistas e o público. Uma história
bonita da qual é bom fazer parte. E, preparam-
se, novos capítulos estão por vir.

**Lula Portela é Jornalista e Diretor da Verbo
Assessoria de Comunicação**

Larry "Mud" Morganfield, filho do lendário bluesman Muddy Waters, toca no dia 25 de junho no Downtown Pub

Blues
é pura paixão

Há 10 anos o produtor Giovanni Papaléo realiza evento no Recife com feras do gênero e aposta na conquista de fãs

+ 10 anos de estrada

Giovanni calcula que o DF Blues reuniu um público de 100 mil pessoas nesse tempo

"Sentia fosse por esse projeto, o Recife ia achar que o blues era rock, tendo cem mil notas por segundo"

�> BLUES

UpTown Band celebra 16 anos

DANIEL MEDEIROS

Pioneira da cena do blues recifense, a UpTown Blues Band celebra seu aniversário de 16 anos com show, hoje, às 22h, no Downtown Pub. O grupo surgiu do desejo de seu líder e baterista, Giovanni Papaléo, de dar visibilidade ao gênero musical. Por intermédio dos músicos da UpTown, grandes nomes da Black Music se apresentaram no Nordeste. "Nossa grande conquista foi ter incluído a região, principalmente Pernambuco, no circuito de shows internacionais do ritmo. Antes esses eventos só aconteciam no Sul do País", comemora Giovanni.

Grandes parcerias são comuns na trajetória da banda. De acordo com Papaléo, o grupo é o que mais acompanhou artistas internacionais de blues no Brasil. Entres os músicos com quem eles já dividiram os palcos, se destacam Magic Slim, Guy King e J.J. Jackson. Nomes do rock nacional também já tocaram ao lado dos pernambucanos. Tico Santa Cruz e Renato Rocha (Detonautas), Nasi (Ira!) e André Matos (Angra, Viper e Shaman) são alguns exemplos.

O evento dessa noite conta com participação do baixista norte-americano Kenny Brown, que vai homenagear os artistas da gravadora Motown. Além do dueto, os aniversariantes vão apresentar um repertório formado por músicas do CD "Do Mississipi ao Capibaribe", clássicos do blues e do show "Beatles in Blues", no qual os integrantes interpretam composições do quarteto britânico em arranjos de blues.

Eventos como o Garanhuns Jazz Festival, Oi Blues by Night e Jazz na Praça, tiveram o dedo de Giovanni e seus companheiros. Um novo festival já está sendo desenhado por Papaléo e Tito Lívio, proprietário da Downtown. O Recife Blues & Jazz Festival está previsto para acontecer em outubro, nas ruas do Recife Antigo. Até o momento, as únicas atrações confirmados são o baixista Kenny Brown e a banda Beale Street.

Apesar de todas as conquistas da banda, Papaléo afirma que o blues ainda precisa alcançar muito espaço em Pernambuco. "Temos que acabar com esse preconceito de achar que o blues é um gênero apenas norte-americano. Ele é a semente da música pop mundial. O rock e o hip hop, por exemplo, são abraçados pelas políticas de incentivo locais, mas o blues, não. O engraçado é que o blues é o pai de todos eles", observa.

SHOW terá convidados e acontece hoje no Downtown Pub

> Serviço

Show UpTown Band e convidados

Quando: hoje, às 22h
Onde: Downtown Pub
Ingressos: R$ 40 (homem) e R$ 30 (mulher). Quem confirmar presença na página do evento no Facebook, ganha R$ 10 de desconto.
Informações: 3424-6317

Palco
Cultura & Diversão

DICA!

O guitarrista e músico Giovanni Papaleo (terceiro da esquerda para a direita) com os demais componentes da Uptown Band, da Bahia/PE, grupo confirmado no Projeto Oi Blues By Night

Noites de
soul e blues

Produtor do Oi Blues By Night anuncia shows de Karl Dixon e Lil'Ray Neal em João Pessoa

Giovanni Papaleo afirma que encontros deverão acontecer em setembro e outubro, no Espaço Cultural

> Isabela Araújo

Nesta edição

Faça contato com a Uptown.
Leia o livro.
Ouça o disco.
Assista aos shows.

UPTOWN BLUES BAND

http://uptownbluesband.com/

https://www.instagram.com/uptownbluesband/

https://www.facebook.com/uptownband/

https://www.youtube.com/user/uptownband

Vedas edições

Prefixo Editorial: 67862

ISBN: 978-85-67862-05-7

Título: Uptown band, 20 anos de blues

Faça contato

VEDAS EDIÇÕES

+55 81 99754 5658

vedasedicoesprime@gmail.com

www.ingramcontent.com/pod-product-compliance
Lightning Source LLC
LaVergne TN
LVHW020334200726
843507LV00012B/2357